网式足球

全民健身项目指导用书

尹峰　门延华◎主编

吉林出版集团股份有限公司　全国百佳图书出版单位

图书在版编目（CIP）数据

网式足球 / 尹峰，门延华主编. -- 2版. -- 长春：
吉林出版集团股份有限公司，2010.2（2024.8重印）
全民健身项目指导用书
ISBN 978-7-5463-2375-6

Ⅰ.①网… Ⅱ.①尹…②门… Ⅲ.①足球运动－基本知识 Ⅳ.①G843

中国版本图书馆CIP数据核字(2010)第028405号

全民健身项目指导用书

网式足球

WANGSHI ZUQIU

主　　编	尹　峰　门延华
责任编辑	赵　萍
封面设计	吕宜昌
开　　本	650mm×960mm　1/16
印　　张	8
字　　数	60千
版　　次	2010年2月第2版
印　　次	2024年8月第4次印刷
出版发行	吉林出版集团股份有限公司
地　　址	吉林省长春市福祉大路5788号
邮　　编	130000
电　　话	0431-81629968
电子邮箱	11915286@qq.com
印　　刷	三河市金兆印刷装订有限公司
书　　号	ISBN 978-7-5463-2375-6　　定　价　39.80元

版权所有　翻印必究
如有印装质量问题，请寄本社退换

序言

自1995年我国政府推出《全民健身计划纲要》以来，我国群众性体育活动蓬勃发展，取得了显著的成绩。2008年，举世瞩目的北京奥运会的成功举办，极大地激发了亿万人民群众的体育热情，增强了全社会的体育意识，营造了浓厚的全民健身氛围。面对这样的可喜局面，群众体育科研、教学工作者应义不容辞地为社会实践服务，从不同角度思考，如何使普通百姓通过简而易行的身体锻炼方式、方法和手段达到良好的健身效果，达到拥有健康的目标，从而享受生活、享受快乐人生。该书系就是在这样的思想指导下诞生的。

本书系能够顺应国家体育的大政方针，掌握时代脉搏，对指导大众健身，使大众掌握健身方法和手段有很好的促进作用。

本书系图文并茂，实用性强，分为球类运动、体操健身运动、传统武术、冰雪运动、水上运动、体育舞蹈、休闲运动、格斗运动、民间体育活动和极限运动等十大类项目，计100分册，按照统一的体例，力争有所创新。每册的具体内容为该项目的起源与发展、运动保健、基本技术、运动技巧、比赛规则等，使读者在学习过程中，不仅能够学会运动健身的方法，同时还能够学到保健方面的基本知识。

经国务院批准，自2009年起，将每年的8月8日定为"全民健身日"。《全民健身项目指导用书》的出版，必将为开展全民健身活动起到积极的推动和指导作用。

目录 CONTENTS

第一章 概述
第一节 起源与发展/002
第二节 场地、器材和装备/003

第三章 基本技术
第一节 发球/032
第二节 踢球与触球/042
第三节 接发球/073
第四节 进攻/084
第五节 拦网/093
第六节 保护与防守/099

第二章 运动保健
第一节 自我身体评价/012
第二节 运动价值/016
第三节 运动保护/021

目录 CONTENTS

第四章 基础战术
第一节 阵容配备与场上位置/106
第二节 进攻战术/108
第三节 防守与保护战术/112

第五章 基本规则
第一节 比赛方法/118
第二节 裁判方法/120

第一章 概述

　　网式足球运动是一种非正式的足球娱乐项目,具有很强的趣味性和娱乐性,在欧美职业足球俱乐部中常常被用于球队训练量的调整和恢复以及大赛前的心理调节。

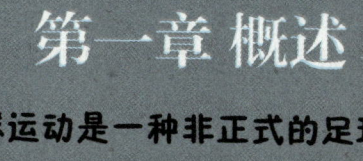

第一节

起源与发展

网式足球运动的历史较短，它起源于足球王国巴西，是在传统足球运动的基础上发展衍生出来的体育项目。经过不断的传播，网式足球运动如今已在世界范围内广为流传。

关于足球的起源，可以追溯到中国古代的蹴鞠。蹴鞠是一项古老的体育运动，最初流行于汉代，唐宋时期达到高峰，并出现了直接对抗、间接对抗和白打三种形式。其中的"白打"，就与今天的网式足球运动类似，可以说是网式足球最早的雏形。

现代网式足球运动起源于巴西。巴西足球队常常将网式足球运动作为队内的娱乐和训练项目。随后在欧美职业足球俱乐部中，也常常将网式足球运动用于球队训练量的调整恢复以及大赛前的心理调节。

网式足球运动兴起以后，大约在 21 世纪初传入我国。

网式足球运动在中国的兴起是在 2001 年初，将它引进中国的是原中国国家男子足球队主教练米卢。米卢是网式足球运动的爱好者，也是网式足球运动的高手。在训练之余，他经常与队员、教练甚至记者玩网式足球。

随着中国国家队冲进韩日世界杯赛的决赛圈，米卢推荐的网式足球运动也被广大足球爱好者所喜爱。

随后,足球国家队教练阿里·汉、沈祥福,女足主教练多曼斯基等也在训练中相继开展网式足球运动。

2001年11月,成都建立了我国第一个网式足球俱乐部——博拉网足俱乐部。

2002年4月30日,"快乐金陵"南极光市大学生网式足球比赛在南京大学拉开帷幕。南京大学、东南大学、河海大学等16所高校的300多支队伍参加了比赛。这是我国第一次举办正式的网式足球比赛。

发展趋势

为更广泛地开展群众性体育活动,增强人民体质,推动我国社会主义现代化建设事业的发展,1995年6月,国务院提出了《全民健身计划纲要》,号召全社会广泛开展全民健身运动。网式足球运动是一项非常具有吸引力的休闲运动项目,也是足球运动的重要组成部分。尽管它的发展历史较短,但在全世界范围内已经迅速得到大家的认可并发展壮大起来,目前参加的人数已呈直线式增长的趋势。

网式足球运动的规则简单,趣味性强,具有鲜明的健身性、益智性和较强的观赏性,是老少皆宜的体育运动项目,因此深受人们的喜爱。现在,它已经发展成为全民健身计划的重要组成部分。

第二节 场地、器材和装备

网式足球运动对场地、器材和装备都有一定的要求,高质量的场地是运动开展的前提条件,而良好的器材和装备则是练习者发挥较高技术水平的必要保障。

场地

由于网式足球主要是作为娱乐和训练项目,所以对场地的要求不是很严格。

规格　见图1-2-1

(1)场地呈长方形,长16米,宽8米。

(2)比赛场地应画出清晰的界线,各条界线宽5厘米(线宽包括在场地面积之内)。

(3)场地四周较长的两条界线称为边线,较短的两条界线称为端线(底线)。

(4)连接场地两边线的中点与端线平行的线为中线,它将场地分为均等的两个场区。

图1-2-1

 设施

❋ 球网

球网的总高度为 1.5 米左右，网高 0.5~1 米。

❋ 标志带

在球网的两端，垂直于边线和中线交界处，各系有一条宽 4 厘米，等长于网的白色带子，即标志带。

❋ 标志杆

在球网上连接标志带外侧应系有两根有韧性的杆子，即标志杆。

 要求

（1）场地须平坦，不得存在任何可能伤害队员的隐患，不得用任何坚硬的物体作为场地的界线。
（2）场地周围至少要有 3~5 米宽、呈长方形对称的无障碍区。
（3）由地面量起，上空 6 米以内不得有障碍物。

 器材

良好的器材是网式足球运动开展的重要保障。网式足球运动的器材与足球运动一样是足球。运动时可以根据不同的人群来选择不同型号的足球。

 规格

❋ 五号球 见图 1-2-2

五号球为比赛标准用球，圆周为 68~70 厘米，重量为 0.41~0.45 千克。

图 1-2-2

四号球通常作为青少年比赛用球,圆周为 62~66 厘米,重量为 0.39~0.43 千克。

三号球

三号球一般为儿童游戏用球,圆周为 50~60 厘米,重量为 0.28~0.31 千克。

材质

足球一般由 20 块六边形和 12 块五边形皮革缝制而成,也有的用其他适当的材料制成。

在进行网式足球运动时,舒适、合体的装备对练习者不但有安全保护作用,还有助于技战术水平的充分发挥。

服装 见图1-2-3

由于天气、地域等不同，对服装的要求也有所不同。对于经常参加网式足球运动的练习者来说，应备有3套服装，即短衫、短裤（夏季），长衫、短裤（春、秋季）和防风厚装长衣、长裤（冬季）。运动服装采用吸汗效果较好的纯棉质材料制成为宜。

图1-2-3

鞋 见图1-2-4

现代职业足球队员用鞋多以合成材料制成，重量更轻，皮质与球表面的摩擦力更强，分为六钉球鞋和多钉球鞋两种。六钉球鞋多在湿滑的雨天使用,平时进行网式足球运动时,穿布质胶底球鞋即可。

图 1-2-4

 见图 1-2-5

　　足球运动使用的长筒袜源自英格兰的一种传统民间装束。我们平时进行网式足球运动时,可以穿一般的运动袜,目的是防止脚出汗后在球鞋里打滑而造成脚踝扭伤。

图 1-2-5

 护腿板　见图1-2-6

　　佩戴护腿板时,应将其紧固于小腿的胫骨前面,目的是防止运动时胫骨损伤。在进行网式足球运动时,要有强烈的自我保护意识,养成佩戴护腿板的良好习惯。

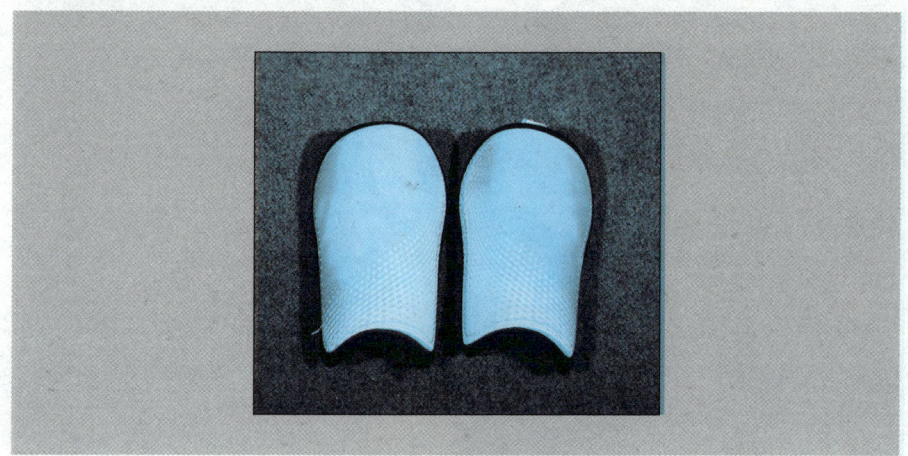

图1-2-6

第二章 运动保健

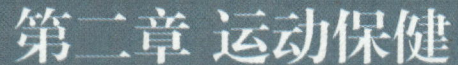

体育运动对增强体质、预防疾病和促进健康具有良好的作用。但是,并非所有人从事相同的运动都会达到同样的效果。对于同一种运动负荷,不同人机体的反应差异是很大的,即使同一个体,在不同时期、不同机能状态下,对同一负荷的反应及效果也是不一样的。因此,对于不同个体,应制定适合其机能需要的运动强度、时间、频率和持续周期。从事体育锻炼一定要讲究科学性,使机体最大限度地获得运动价值,使某些疾病得到有效的防治。

第一节 自我身体评价

自我身体评价是指根据个体的不同情况以及简单的功能评定标准，对锻炼者进行身体评价，并以此为依据，确定具体的锻炼内容。

适宜人群

体适能是全身适应性的一部分，是人体精神和体力对现代生活的适应能力。为了促进健康，预防疾病，提高生活质量和工作学习效率，几乎所有人都可以追求健康体适能，而且经过简单的评价和测试，均可以成为目标人群，即适宜人群。

健康体适能评价标准

健康体适能是指身体有足够的活力和精力处理日常事务，而不会感到过度疲劳，并且还有足够的精力去享受休闲活动和应对突发事件。

健康体适能是确定锻炼者是否为运动适宜人群的主要依据。目前的评价标准主要包括国民体质测定标准、学生体质测定标准和普通人群体育锻炼标准等。

国民体质测定标准主要包括形态指标、机能指标和素质指标3个部分，各项指标的测定结果均为1～5分，共5个级别。凡各项指标达不到4分或5分者，均应被纳入健身人群。

学生体质测定标准分为优秀、良好、及格和不及格4个级别。优秀水平以下者，均应被纳入健身人群。

普通人群体育锻炼标准分为5个级别，凡达不到4分或5分者，均应被纳入健身人群。

简易运动功能评定

简易运动功能评定的目的在于确定锻炼者有无运动禁忌症或临时运动禁忌的情况,即是否适合参加体育锻炼,以达到防备万一、避免意外事故发生的目的。目前通行的方式为3分钟踏台阶测试。

目的

测试锻炼者运动后心率恢复的情况,以评估其心肺功能。

器材

见图2-1-1

30厘米高的长凳、节拍器、秒表和时钟。

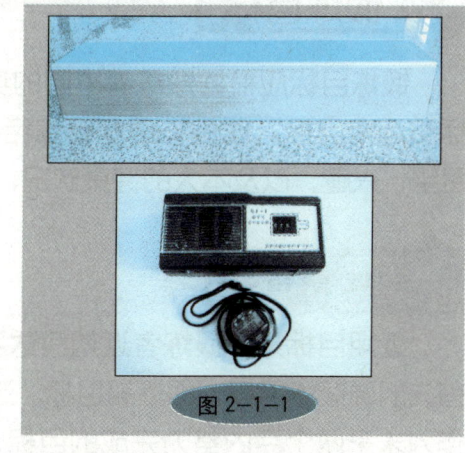

图2-1-1

步骤

见表2-1-1

(1)节拍器设定为每分钟96次,锻炼者依"上上下下"的节拍运动3分钟。

(2)锻炼者完成3分钟踏台阶后,5秒钟内开始测量其脉搏,时间为1分钟,记录其心率,并依据下表评价其功能水平。

(3)运动后心率越低,证明其心肺功能越好。在运动强度允许的范围内,锻炼者可选择运动强度的较高值来进行运动。

表2-1-1　3分钟踏台阶测试评价表

	年龄(岁)	欠佳(次)	尚可(次)	一般(次)	良好(次)	优异(次)
男士	18~25	>115	105~114	98~104	89~97	<88
	26~35	>117	107~116	98~106	89~97	<88
	36~45	>119	112~118	103~111	95~102	<94
	46~55	>122	116~121	104~115	97~103	<96
	56~65	>119	112~118	102~111	98~101	<97
	65+	>120	114~119	103~113	96~102	<95
女士	18~25	>125	117~124	107~116	98~106	<97
	26~35	>128	119~127	111~118	98~110	<97
	36~45	>128	118~127	110~117	102~109	<101
	46~55	>127	121~126	114~120	103~113	<102
	56~65	>128	118~127	112~117	104~111	<103
	65+	>128	122~127	115~121	101~114	<100

注意事项

如锻炼者经过努力仍无法达标，或出现头晕、胸闷、出冷汗等症状，应立即终止测试。运动中应特别考虑运动强度，以防止出现意外。

锻炼目标应根据锻炼者不同的身体状况来确定，可分为近期目标和远期目标。此外，确定锻炼目标还应结合锻炼者的运动意向、愿望、兴趣，以及本人的健康状况、疾病程度等因素来进行。

近期目标是指锻炼者近期应达到的目标。在进行运动之前，应首先明确锻炼目标，即近期目标。选择一两个健康体适能构成要素，作为未来两个月内努力完成的目标，而且应从成功概率较高的构成要素开始，并将预期两个月后要达到的目标做上记号，如提高某个或某些关节的活动幅度，增强某个肌肉群的力量等。

远期目标

远期目标是指锻炼者最终要达到的目标。实践证明，经过科学合理的锻炼后，锻炼者是可以达到一般的远期目标的，如提高心肺功能，使其达到优秀的等级，或达到降血脂、防治高血压和冠心病的目的等。

运动负荷即运动量。怎样控制运动量，合适的运动时间是多少等，一直是人们争论不休的问题。但有一点是可以肯定的，那就是任何有关身体活动的意见和建议，都需要综合考虑锻炼者的身体状况和所要达到的目标，并以此为依据来制订科学的身体锻炼计划。

运动强度

在运动过程中,运动强度过小,则无法达到锻炼的效果;运动强度过大,不仅达不到最佳的锻炼效果,还可能产生一些副作用,甚至出现意外事故。确定运动强度有两种方法,即心率简易推测法和主观感觉疲劳分级表推测法。

心率简易推测法

(1)年龄在 20 岁左右的年轻人,身体健康,能坚持体育锻炼,欲进一步提高身体机能,可取最大心率值(最大心率值=220-年龄)的 65%~85%。

(2)年龄在 45 岁以下,身体基本健康,有运动习惯者,开始进行健身锻炼,可取最大心率值的 65%~80%,没有运动习惯者,开始进行健身锻炼,可取最大心率值的 60%~75%。

(3)年龄在 45 岁以上,身体基本健康,有运动习惯者,开始进行健身锻炼,可取最大心率值的 60%~75%,没有运动习惯者,建议根据自身情况咨询专业人员来指导和确定运动强度。

主观感觉疲劳分级表推测法   见表 2-1-2

运动的疲劳程度大致分为 10 级,具体为:0~1 级,没感觉;2~3 级,尚轻松;4~5 级,稍累;6~7 级,累;8~9 级,很累;10 级,精疲力竭。因此,健身锻炼的运动强度应控制在主观感觉疲劳程度的 4~7 级。

表 2-1-2   主观感觉疲劳分级表

0 没感觉	.	2 尚轻松	.	4 稍累	.	6 累	.	8 很累	.	10 精疲力竭

运动频率

运动频率是指每日及每周锻炼的次数。一般每周锻炼 3～4 次，即隔日锻炼 1 次即可。有充足的休息时间，可使机体得到充分的休息，收到更好的锻炼效果。

运动持续时间

运动强度和运动持续时间，决定了一次锻炼的运动量和热量消耗。运动持续时间与运动强度成反比，运动强度大，运动持续时间可相应缩短，运动强度小，则运动持续时间应相应延长。

一般的健身锻炼，运动持续时间以每天 20～60 分钟为宜，其中包括准备活动时间、健身锻炼时间和整理活动时间。每次健身锻炼应在 20 分钟以上，锻炼可一次性完成，也可分段进行，但每段的活动时间应在 10 分钟以上。

第二节 运动价值

运动价值是人们一直在探讨的问题。一般认为，运动具有两方面的价值，即健身价值和心理价值。身体和精神的健康是相互依存的，伴随着身体功能的改善，精神状况也能同时得到改善。

健身价值

健身价值在于提高体适能。体适能包括心肺耐力素质、肌肉力量素质、柔韧性素质和身体成分等。体适能的发展是积极从事锻炼的结果，只有规律性的体育锻炼才能达到最佳的体适能。

提高心肺耐力素质

心肺耐力是指全身肌肉进行长时间运动的持久能力，是体内心肺系统对身体各细胞的供氧能力。人体的心脏、肺、血管、血液等组织的功能是心肺耐力的基础，它们与氧气和营养物质的输送以及代谢物的清除有关。健全的心肺功能是健康的基本保证。

系统的体育锻炼，可以使心肌增厚，收缩力加强，心室容积增大，从而使心脏的泵血功能增强，表现为心血输出量增加。

系统的体育锻炼，呼吸系统机能也将得到提高，表现为呼吸肌的力量增强，肺活量、肺通气量明显增加，保证对机体供氧的能力。

系统的体育锻炼，可以促进血管系统的形态、机能和调节能力产生良好的适应力，从而提高机体的工作能力。

系统的体育锻炼，可以使血液系统产生某些适应性变化，如血容量增加、血黏度下降、红细胞膜弹性增强和红细胞变形能力增强等。

 ## 提高肌肉力量素质

肌肉力量是指肌肉最大收缩产生的对抗阻力或负荷的能力。肌肉力量只有达到一定的程度，才能克服外界阻力，而克服外界阻力是维持日常生活自理、从事各种劳动和运动的必要前提。

系统的体育锻炼，可以提高肌肉的生理横断面积，可以改善神经系统对肌肉收缩的支配功能，还可以提高肌肉内代谢物质的储备量，使肌肉力量得到提高。

 ## 提高柔韧性素质

柔韧性是指人体各关节的活动幅度，即关节的肌肉、肌腱和韧带等软组织的伸展能力。柔韧性对于保证正常生活质量、维持正常体态、预防损伤发生和减轻损伤程度等方面均起到至关重要的作用。

系统的体育锻炼，还可以延缓因年龄因素而导致的柔韧性下降，预防因缺乏运动而导致的关节结构、周围软组织和膝关节肌肉退化，从而使锻炼者的日常生活、劳动和运动等更加充满活力。

改善身体成分

身体成分是指人体体重中的脂肪组织和去脂组织的重量百分比。身体成分中的脂肪成分增加，肌肉成分必然下降。身体中不具备收缩功能的脂肪组织增加，必然导致身体进行各种活动的能力下降，基础代谢水平降低，肥胖症、冠心病、高血压、糖尿病、高血脂等慢性疾病发病率的提高。因此，身体成分是保证人体健康的重要内容之一。

通过系统的体育锻炼，随着锻炼者体质的增强，热量消耗便随之增加，进而燃烧掉体内多余的脂肪，使身体成分得到改善。而身体成分的改善，又可以减少体重对关节可能带来的不利影响，还可以使肥胖者的心理状况得到改善，增强其自信心，使其逐步建立起健康的生活方式。

心理价值

研究证明，有规律的体育锻炼不但可以使锻炼者增强体质、促进身体健康、预防一些慢性疾病，还可以提高锻炼者的生活满意度和生活质量，对其心理健康产生积极影响。

体育锻炼的心理健康效应主要表现在六个方面：

改善情绪状态

短期效应

研究发现，体育锻炼对人的情绪状态具有显著的短期效应。运动后人们的焦虑、抑郁、紧张和心理紊乱等症状会明显减轻，而精力和愉快程度则明显增强。而且这种情绪的迅速变化，与锻炼者个体的健康状况、活动形式和活动强度等有着直接的联系。

长期效应

体育锻炼对人情绪的长期效应有着直接的影响，与不锻炼者相比，有规律的锻炼者在较长时期内很少会产生焦虑、抑郁、紧张和心理紊乱等情绪。

完善个性行为特征   见表 2-2-1

人们的行为特征一般可以分为两种类型，用 A 型行为特征和 B 型行为特征来表示。A 型行为特征主要表现为性情急躁、争强好胜、容易激动、整天忙碌和做事效率高等。B 型行为特征主要表现为不好竞争、不易紧张、不赶时间、对人随和、喜欢自由自在等。具有 A 型行为特征的人由于过度紧张的情绪反应，会引起内分泌失调，增加心脏病发病的概率。目前的一些研究主要集中在体育锻炼对改变 A 型行为特征的作用方面。研究结果表明，有规律的体育锻炼能明显改变 A 型行为特征。

表 2-2-1　A、B 型个性行为特征常见表现

A 型行为特征者常见表现	B 型行为特征者常见表现
约会从来不迟到	对约会很随便
竞争意识很强	竞争意识不强
别人要讲话时总爱抢先或插话	是别人讲话时很好的听众
总是匆匆忙忙	即使有压力也从不匆忙
等待时缺乏耐心	能够耐心等待
干事时全力以赴	处事漫不经心
同时想干很多事	在一段时间里只干一件事情
讲话喜欢用加强语气，甚至敲桌子	讲话语速缓慢、不慌不忙
做了好事希望能得到别人的认可	只要自己满意即可，不管别人怎样想
吃饭、走路都很快	做事情很慢
不善与人相处	为人随和
容易暴露自己的感情	能控制自己的感情
具有广泛的兴趣	没什么业余爱好
雄心壮志	满足于目前的工作和学习状况

确立良好自我概念

自我概念是指个体对自己身体、思想和情感的主观整体评价，它由许多自我认识组成，包括我是什么人、我主张什么和我喜欢什么等。

坚持体育锻炼，可以使锻炼者体格强健、精力充沛、提高驾驭身体的能力，从而改善对自身的满意程度，确立良好的自我概念。

改变睡眠模式

根据脑电图的显示，人的睡眠可以分为两种状态，即慢波睡眠状态和快波睡眠状态。前者为浅度睡眠状态，后者为深度睡眠状态。一夜之间两种睡眠状态会交替发生 4～5 次。

有规律的体育锻炼不仅对慢波睡眠有促进作用，而且能缩短入眠的潜伏期，并延长睡眠的时间。

改善认知能力

体育锻炼还能改善人的认知过程，避免反应时间过长、注意力不集中和思维混乱等症状的发生，尤其对老年人的认知能力改善效果更为明显。

增加心理治疗效应

体育锻炼被公认为是一种心理治疗的好方法。目前人群中常见的心理疾患是抑郁症和焦虑症。研究发现，体育锻炼是治疗抑郁症的有效手段之一，抑郁症患者经过有规律的体育锻炼，抑郁症状能明显减轻。

体育锻炼还具有治疗焦虑症的作用，通过有规律的体育锻炼，可以使锻炼者的焦虑症状明显改善。

第三节 运动保护

在运动过程中，人体机能会随时发生变化。因此，应针对这种机能变化的特点来进行体育锻炼，也就是我们所说的运动保护。运动保护一般包括运动前准备、运动后放松和自我养护三个方面。

运动前准备

准备活动是指在正式运动之前进行的有目的的身体练习。做好充分的准备活动，可以缩短机体进入最佳状态的时间，同时还可以预防运动损伤的发生，为机体发挥最大的工作效率做好功能上的准备。

准备活动的作用

提高中枢神经系统兴奋状态

（1）使大脑反应速度加快，参加活动的运动中枢神经相互协调。
（2）为正式运动时生理机能达到适宜程度提前做好准备。

提高机体代谢水平

（1）准备活动可以使锻炼者体温升高，降低肌肉黏滞性，使肌肉的伸展性、柔韧性和弹性增强，从而有效预防运动损伤的发生。
（2）准备活动可以增强体内代谢酶的活性，使物质代谢水平提高，以保证运动时有较充分的能量供应。

克服内脏器官生理惰性

（1）准备活动可以提高心血管系统和呼吸系统的机能水平，使肺通气量及心血输出量增加。
（2）可以使心肌和骨骼肌的毛细血管扩张，使其工作肌获得更多的氧，从而克服内脏器官的生理惰性，使之尽快达到最佳状态。

增加皮肤毛细血管血流量

准备活动可以使皮肤毛细血管的血流量增加，运动后毛细血管扩张，有利于散热，降低体温，有效防止开始正式活动时由于体温过高而影响运动能力。

准备活动要求

准备活动时间

（1）准备活动的时间可以根据运动项目的具体情况确定，一般以10～30分钟为宜。

（2）准备活动与正式运动的间隔时间，一般以不超过15分钟为宜，可以在做完准备活动后立刻进行正式运动。

准备活动强度

（1）准备活动的强度和量应较正式运动小，以免引起不必要的疲劳。

（2）准备活动的量可以由心率来决定，心率以100～120次／分为宜。

准备活动内容

一般性准备活动

一般性准备活动的内容多以伸展运动开始，然后进行一般性的跑步、徒手体操等活动。

下面介绍一套常用的一般性准备活动操，供锻炼者运动前使用。这套活动操主要包括头部运动、肩部运动、扩胸运动、体侧运动、体转运动、髋部运动和踢腿运动等。

图2-3-1

头部运动

头部运动的动作方法（见图 2-3-1）：两手叉腰，两脚左右开立，做头部向前、向后、向左、向右，以及绕环运动。

肩部运动

肩部运动的动作方法（见图 2-3-2）：手扶肩部，屈臂向前、向后绕环，以及直臂绕环。

图 2-3-2

扩胸运动

扩胸运动的动作方法（见图 2-3-3）：屈臂向后振动及直臂向后振动。

体侧运动

体侧运动的动作方法（见图 2-3-4）：两脚左右开立，一手叉腰，另一臂上举，并随上体向对侧振动。

体转运动

体转运动的动作方法（见图 2-3-5）：两脚左右开立，两臂体前屈，身体向左、向右有节奏地扭转。

髋部运动

髋部运动的动作方法（见图 2-3-6）：两脚左右开立，两手叉腰，髋关节放松，向左、向右 360 度旋转。

图 2-3-3

踢腿运动

踢腿运动的动作方法（见图 2-3-7）：两臂上举后振，同时一腿向后半步，重心置于前腿，两臂下摆后振，同时向前上方踢腿。

图 2-3-4

图 2-3-5

图 2-3-6

图 2-3-7

专门性准备活动

专门性准备活动的动作方法、节奏和强度等与正式锻炼相似，目的是使人体主要肌群在运动前得到动员，为正式锻炼做好准备。

运动后放松

运动后放松是指运动之后所进行的一些能够加速机体功能恢复的、较轻松的身体活动。与运动前准备活动相反，其目的是使锻炼者的生理机能水平逐步得到恢复。

放松方法

运动性手段

（1）运动结束后，锻炼者可采用变换运动部位的方法来消除疲劳，如上肢出现疲劳时可做一些慢跑运动，下肢出现疲劳时可做一些上肢运动。

（2）转换运动类型也是一种不错的放松方法，如打羽毛球出现疲劳时，可从事瑜伽运动来达到放松的目的。

（3）还可以用调整运动强度的方法来缓解疲劳，如可以在放松过程中，采用小强度的轻微运动方法等。

整理活动　见图 2-3-8

（1）整理活动是指运动后所做的一些能够加速机体功能恢复的身体活动，如剧烈运动后进行 3~5 分钟慢跑或其他整理活动，使身体机能得以恢复。

（2）剧烈运动后如不做整理活动而骤然停止动作，会影响氧气的补充和静脉血的回流，使机体血压降低，引起不良反应。

图 2-3-8

注意事项

（1）在进行整理活动时动作应缓慢、放松，运动量不要过大，否则会引起新的疲劳。

（2）在进行整理活动时，应当保持心情舒畅、精神愉快。

自我养护

锻炼后，锻炼者感觉身体疲劳是一种正常的生理现象，是体育锻炼过程中的正常反应，随着体育锻炼时间的延长，疲劳症状会自然消失。运动性疲劳出现后，锻炼者如果采用一些自我养护措施，可以加速身体机能的恢复，尽快消除疲劳，提高锻炼效果。常见的自我养护方法主要包括运动后休息、合理营养和物理手段等三种。

运动后休息

静止性休息 见图 2-3-9

（1）静止性休息是指锻炼者运动后保持机体相对的静止状态，以促进身体机能的恢复，尽快消除疲劳。

（2）静止性休息的最佳方式之一是睡眠，特别是刚开始从事锻炼者，身体不适应或疲劳症状明显时，更应该保证足够的睡眠，否则，锻炼者虽然积极参加了体育锻炼，但收效甚微，甚至会导致过度疲劳症状的发生。

（3）静止性休息更适合于消除全身运动导致的整体疲劳症状。

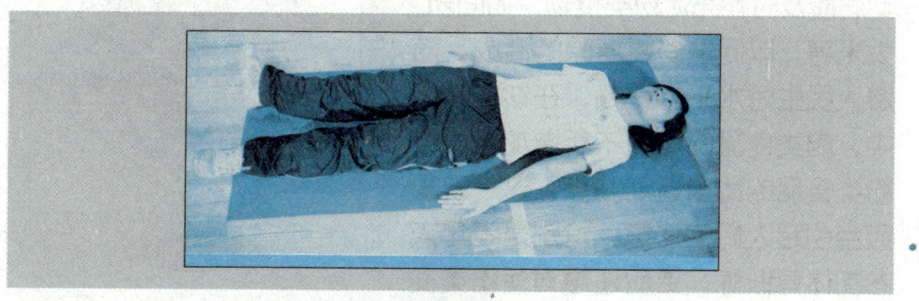

图 2-3-9

积极性休息 见图 2-3-10

（1）积极性休息更适合由于少量肌肉群参与工作而导致的局部疲劳，或运动强度较大而导致的快速疲劳。

（2）积极性休息可以加速血液循环，有利于代谢物排出体外，对促进身体机能的恢复具有明显的效果。

图 2-3-10

合理营养

见图 2-3-11

小强度、长时间的运动形式，主要是靠糖原的有氧代谢提供能量。运动后应及时补充淀粉类食物，如面粉、大米等，以促进消耗糖原的合成。随着人民生活水平的提高，在饮食结构中，肉类食品的比重不断增加，而淀粉类食品的比重逐渐减少，这一现象应当引起人们的注意，特别是老年人参加体育锻炼，更应注意对淀粉类食物的补充。

图 2-3-11

强度较大、时间又相对较长的运动形式，主要是靠糖原的无氧代谢提供能量。这样，糖原无氧代谢产物——乳酸便会在体内大量堆积。因此，运动后应多补充蔬菜、水果等碱性食品，以加速乳酸的清除，达到尽快消除疲劳的目的。

物理手段

按摩及牵拉

见图 2-3-12

（1）通过刺激神经末梢、皮肤结缔组织和毛细血管的按摩方法，可以使紧张的肌肉得以放松，从而改善局部组织和全身的血液循环，达到促进身体机能恢复的目的，这种方法可以在锻炼后马上进行。

（2）此外，还可以采取缓慢牵拉肌肉的方法，使收缩的肌肉得到充分的伸展放松。

水疗及电疗

（1）水疗包括芬兰式蒸汽浴、热水浴和桑拿浴等多种形式，主要作用是通过提高体温，促进血液循环，清除代谢物，以达到尽快消除疲劳、恢复体力的目的。

（2）水疗的时间一般以不超过 30 分钟为宜，如果时间过长，会进一步消耗体力，严重时甚至会出现暂时性脑缺血现象。

（3）如果条件允许，还可对疲劳的肌肉进行低频治疗。低频治疗仪的原理是模拟针灸疗法，使用时将电极用不干胶对称地粘贴在运动部位表皮上。这种疗法可以促进局部血液循环，改善组织代谢，缓解肌肉酸痛，消除疲劳。

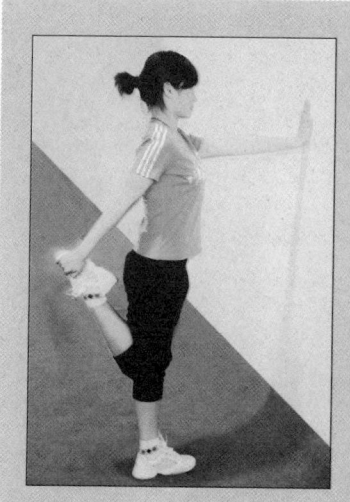

图 2—3—12

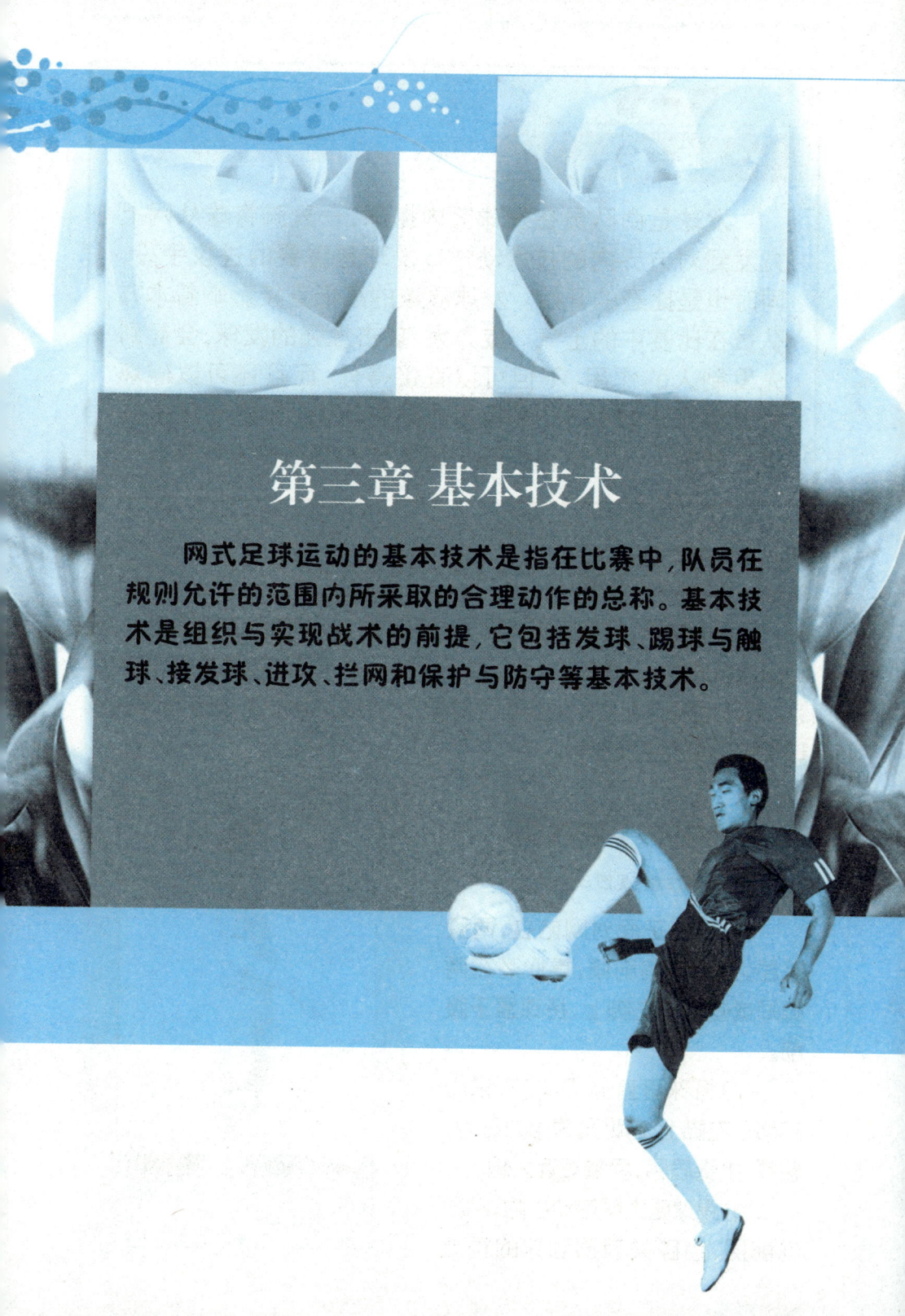

第三章 基本技术

网式足球运动的基本技术是指在比赛中,队员在规则允许的范围内所采取的合理动作的总称。基本技术是组织与实现战术的前提,它包括发球、踢球与触球、接发球、进攻、拦网和保护与防守等基本技术。

第一节 发球

发球是由队员在发球区内抛球,一只脚将球从网上方发到对方界内的技术动作。发球是重要的进攻手段,同时也是比赛的开始。发球质量的高低直接影响着本方队员在比赛中的士气。威力大、攻击性强的发球,会起到先发制人的作用,不但可以直接得分,而且还可以破坏对方组织进攻战术,减轻本方防守压力,为防守反击提供有利条件。发球包括脚正面发球和脚内侧发球等。

脚正面发球

脚正面发球,又称正脚背踢球。这种发球,踢球腿的摆幅较大,脚的触球点准确,出球有力,落点易于控制,动作简单,容易掌握,用途广泛。脚正面发球包括原地脚正面发球、上步脚正面发球、脚正面发弧线球和脚正面凌空发球等。

原地脚正面发球

 动作方法 见图3-1-1

(1)身体正面对网站立,两膝略屈,上体略向前倾,重心落在两脚间或偏重于左脚上,持球置于腹前。

(2)将球垂直抛于体前,重心前移在左脚上,右脚迅速用力蹬地,屈膝,小腿后屈,尽量靠近大腿。

(3)踢球腿大腿带动小腿,由后向前摆,当膝关节摆到球的垂直

上方瞬间，大腿制动减速，小腿爆发式突然加速前摆，以脚背正面部位触踢球的中后部位。

（4）击球后，迅速进入场地，做好下一个动作的准备。

技术要点

（1）抛球时使球约距离身体一臂远。

（2）踢球时，两臂自然摆动，保持身体平衡，脚面绷直，目视球。

错误纠正

练习时易出现手法不固定、抛球不平稳等问题。因此，应加强训练，每次抛球都要做到用力固定、位置固定、高度固定和手法固定。

练习方法示例

（1）原地模仿练习：体会脚背正面触球的动作方法。

（2）连续发球练习：规定必须连续发几个好球，失误者需重新算起。

（3）左右脚原地脚背正面发球练习。

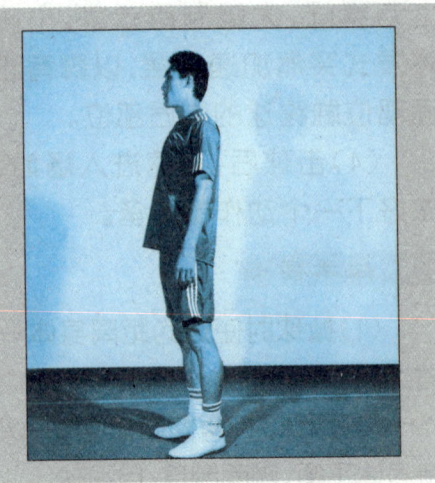

图 3—1—1

上步脚正面发球

动作方法　见图 3—1—2

（1）面对球网，两脚前后站立。

（2）听裁判员鸣哨后，做直线助跑，最一步成跨步，支撑脚积极跨步落地，以脚后跟先着地，呈滚动式着地支撑。

（3）跨步同时，将球垂直抛于体前，约离身体一臂远，其余动作与原地脚正面发球相同。

技术要点

直线助跑，根据助跑步数，确

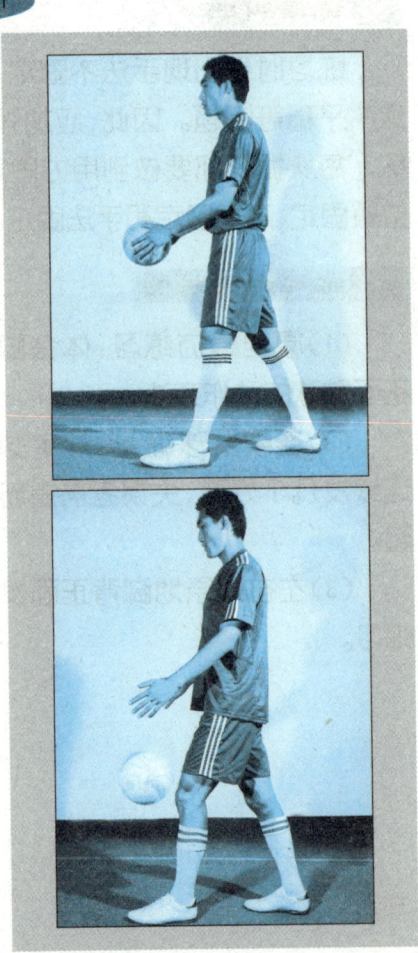

定与端线的距离，最后一步略用力。

❀ 错误纠正

练习时易出现触球脚形、部位不正确等问题。因此，应加强训练，支撑动作与姿势要正确，上步速度逐渐加快。

❀ 练习方法示例

（1）各种姿势的起跑练习：如全蹲式、半蹲式起跑，转身徒手拦网落地后起跑，听信号起跑等。

（2）看或听信号做变向快速跑练习。

（3）上步支撑踢球练习：将球放在身前一大步的距离，并将正确的支撑位置标记出来，然后让队员练习上步支撑踢球动作。

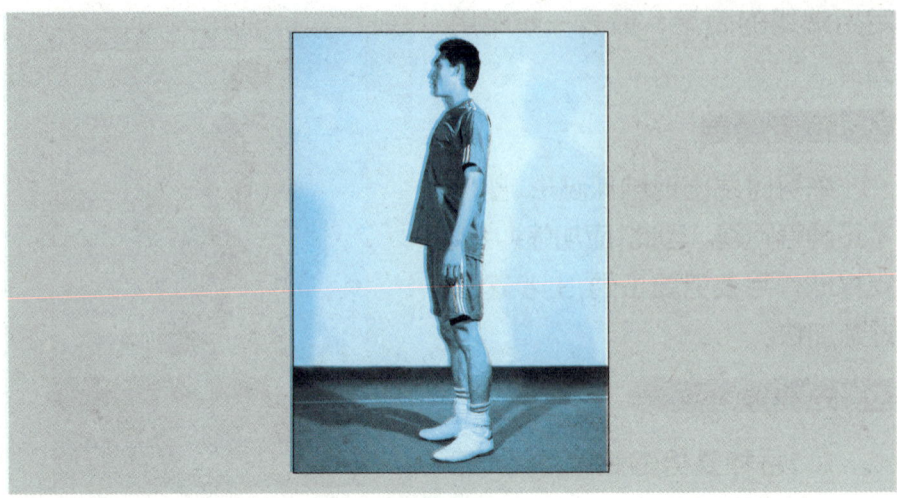

图 3-1-2

脚正面发弧线球

动作方法 见图 3-1-3

（1）身体侧对场地，做弧线助跑，最后一步左脚位置与端线呈 45 度左右的斜角。

（2）踢球时，踢球腿用力向前，向支撑脚方向做弧线摆动，脚面绷直，用脚面把球踢出。

（3）在脚触球的瞬间，用力要突然、集中、短促，用脚面闪击球，击球后，脚向左前方摆出。

技术要点

踢球时，踢球腿踝关节向侧前方有"外泼绕动"动作。

错误纠正

练习时易出现摆腿不正、脚面不绷直、踝关节动作不协调等问题。因此，应使脚面尽量绷直，大腿抬起，带动小腿，迅速前摆踢球。

练习方法示例

（1）手抛球踢反弹球、中小力量踢球练习。

（2）踢回传球练习：一人回传地滚球给踢球队员，踢球队员迎接，正脚面发弧线球，两人交替练习，增加练习次数和质量。

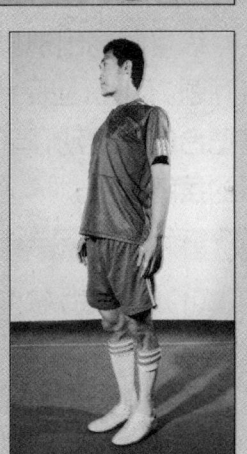

图 3-1-3

发球

脚正面凌空发球

动作方法　见图3-1-4

（1）身体侧对出球方向，左脚尖指向出球方向。

（2）左手持球于体前，离身体一臂远，将球垂直向上抛出，球高要过头顶。

（3）球落到腰部时，上体向支撑脚一侧倾斜，大腿提起与地面平行，带动小腿急速摆动，脚面绷直，用脚正面击球。

（4）击球后，身体随之转向出球方向，身体自摆，维持身体平衡。

技术要点

踢球时两臂自然摆动，身体向出球方向扭转。

错误纠正

练习时易出现身体晃动、漏踢等问题。因此，应保持重心稳定，两臂配合自然摆动，同时掌握空中击球的摆腿时机。

练习方法示例

（1）压腿后，做前、后、左、右踢腿练习。

（2）不同方向的摆腿练习。

（3）俯卧撑、仰卧起坐练习。

（4）单械或肋木悬垂举腿练习。

(5)踢凌空球练习:面对球墙,两手持球,向上抛球,然后用脚正面凌空发球。

 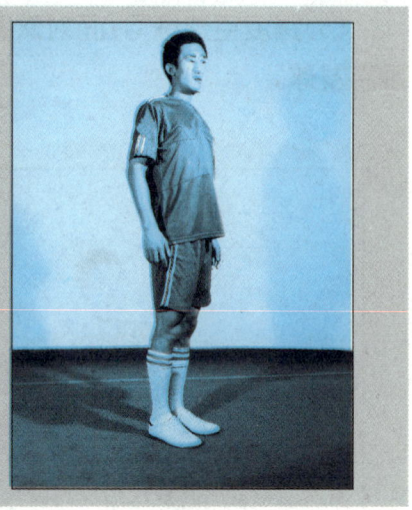

图 3—1—4

 脚内侧发球

脚内侧发球是用脚背内侧击球的一种方式。这种发球的特点是脚接触球的面积大，便于控制球，出球稳、准而不易失误，适于发中、短距离的球，用以破坏对方一传。

动作方法 见图 3—1—5

（1）身体和球网约呈 45 度角站立，左脚在前与端线呈 45 度角，右脚在后与端线平行站立，膝关节略屈。

（2）将球垂直抛于体前，约离身体一臂远，身体重心前移至左脚上，踢球的右腿以髋关节为轴，屈膝外转，脚掌与地面平行，小腿迅速前摆，用脚内侧踢球，两臂自然摆动。

（3）踢球后，身体重心随踢球腿的前摆向前移动。

技术要点

（1）踢球腿前摆过程中，大腿外旋，带动膝关节向外侧移动，使踢球脚的内侧正对出球方向，小腿加速前摆，踝关节保持适度紧张。

（2）脚掌与地面保持平行，并保持这一脚形，用脚内侧部位触球的正中后部，将球踢出。

错误纠正

练习时易出现击球点过高等问题。因此，应目视球，不要急于摆腿，等球落到离地面 20 厘米左右后，再迅速摆动小腿击球。

练习方法示例

（1）学走鸭步练习：两脚脚跟相对，呈 180 度站立，平行向前移动。

（2）发球比赛练习：以个人、小组或分队进行发球比赛，并予以评分。

（3）限制区域发球练习：要求发出的球必须落在指定的区域内。

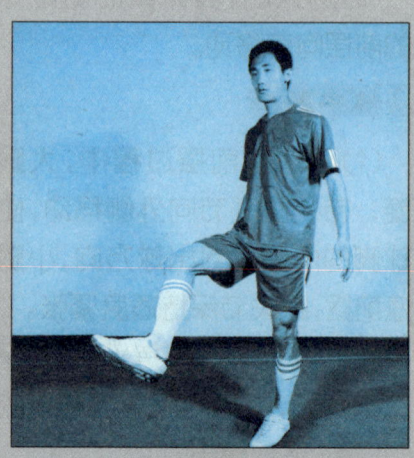

图 3-1-5

第二节
踢球与触球

　　踢球和触球是网式足球基本技术的主要组成部分。踢球是指用膝关节以下部位击球；触球是指用膝关节以上，除两臂以外的身体任何部位击球。

 踢球

踢球主要包括脚内侧踢球、脚外侧踢球、脚正面踢球和前脚掌踢球等。

 脚内侧踢球

动作方法　见图3-2-1

（1）踢球时，支撑腿的膝关节略屈，踢球腿以髋关节为轴屈膝，小腿迅速向内摆，脚内翻，用脚内侧对准来球方向。

（2）当脚接触球的瞬间，小腿加速上摆，将球踢出，同时注意控制出球的方向。

技术要点

此种踢法，脚接触球的面积大，传球较准确，适用于中短距离传球和调整传球。

错误纠正

练习时易出现用直腿支撑、腿部过分紧张、触球时机与部位不当等问题。因此，应在踢球时向下蹲，并保持身体重心稳定，原地模仿踢球腿的摆动动作及踢球脚上举练习。

练习方法示例

（1）接反弹球练习：对墙踢球，然后接反弹球。

（2）自己传球自己进攻练习：自己把球传到最佳进攻位置，自己跳起进攻。

（3）一人传一人进攻练习：同伴高传球后，进攻队员可自己调整传一次球，然后再进攻。

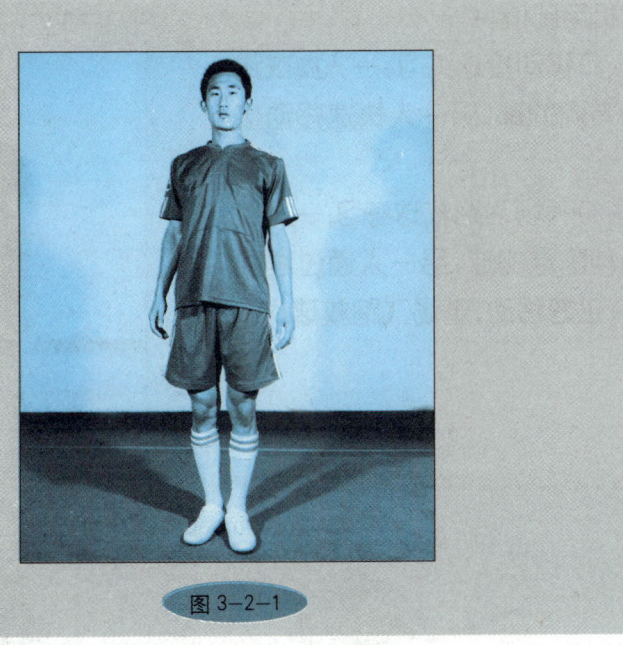

图 3-2-1

脚外侧踢球

动作方法　见图 3-2-2

（1）踢球时，支撑腿略屈膝，踢球腿小腿迅速抬起，尽量靠近大腿，脚外翻，同时迅速高抬大腿，大腿带动小腿，上体前倾，并略转向摆动腿一侧，目视来球。

（2）在击球的瞬间，踢球脚摆平，脚踝用力上挑，用脚外侧部位将球击出。

技术要点

脚外侧踢球使用范围较广，踢出的球变化较大，也有一定的突然性，常用于踢落在身体前、后、左、右侧的险球。

错误纠正

练习时易出现接球不稳、触球时机和部位不当等问题。因此，应准确判断球的落点，同时加强对接球时踝关节和身体重心变化的控制。

练习方法示例

（1）原地定点接球练习：两人一组，距离 2 米左右，体会正确的触球时机与部位。

（2）移动接球练习：一人抛或踢各种方向的球，另一人快速移动接球。

（3）满场飞跑救球练习：一人抛出各种困难的球，另一人通过准确判断，迅速移动，满场飞跑救球。

图 3—2—2

脚正面踢球

动作方法 见图 3-2-3

（1）面对来球，踢球时膝关节应尽量伸直，大腿带动小腿，由后向前用力挥摆。

（2）在击球的瞬间，脚面绷直，踝关节用力，小腿快速弹出，同时根据飞行弧度，上体可略前倾或略后仰。

技术要点

正脚背能踢出不同高度、角度和速度的球，踢接球时活动范围较大，常于发球、接球、踢触网下落险球、踢距身体略远的球等。

错误纠正

练习时易出现脚和球接触部位不当、对接球脚下撤的时机与动作控制不好等问题。因此，应进行摆腿、触球练习，体会使球向下的冲击力被踝关节缓冲掉的技术要领。

练习方法示例

（1）砸脚背练习：每人一球，两手持球，接球脚伸出成接球状态，掷球下砸脚背，使球接在控制范围内。

（2）两人一组，做正脚背传接球练习。

（3）三人接球练习：一人接两

球,三人一组站成三角形,其中两人各持一球,先后将球抛踢给第三人,第三人快速接球。

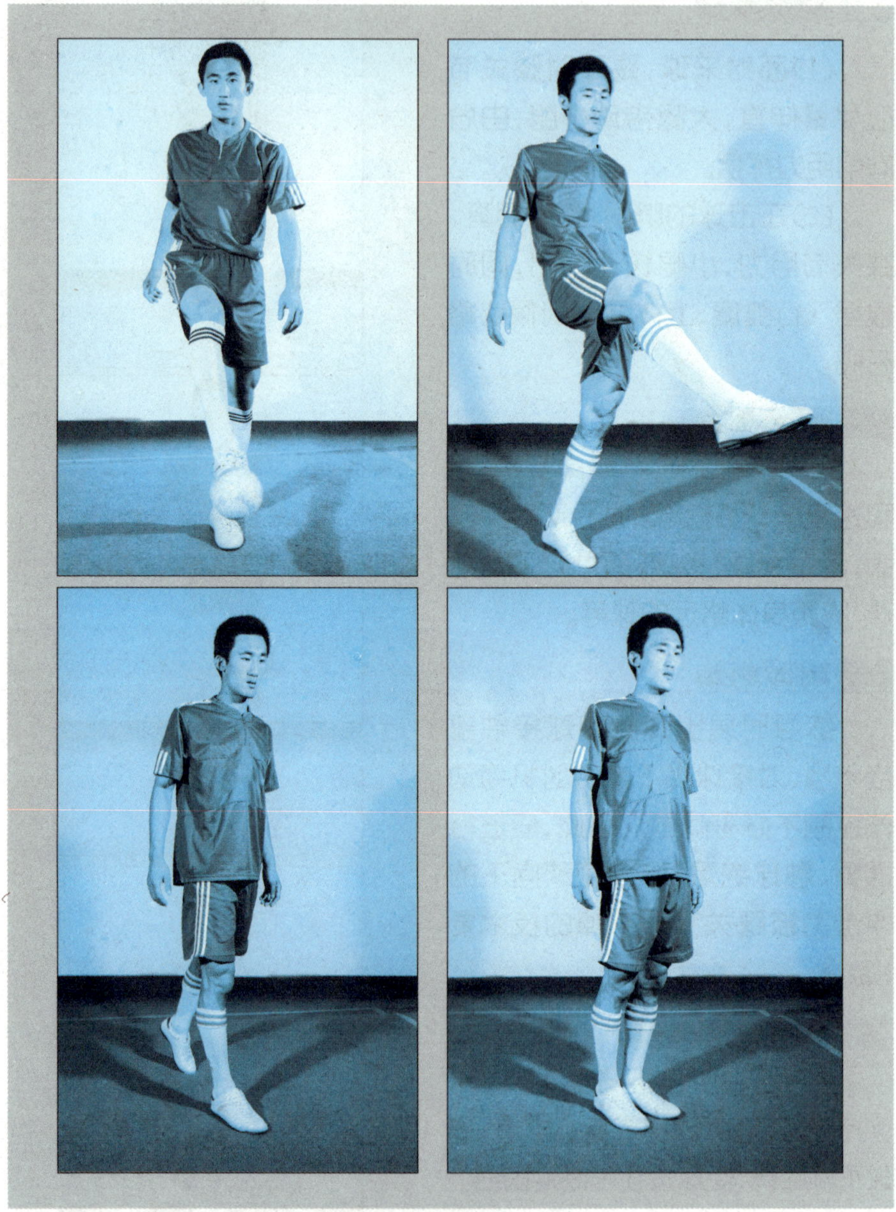

图 3-2-3

前脚掌踢球

前脚掌身后踢球

❈ **动作方法**　见图 3-2-4

（1）正面对着来球方向，当来球落在紧靠身体后方位置时，上体前倾，目视来球。

（2）支撑腿略屈站立，踢球腿屈膝，小腿向后方摆起，使前脚掌对准来球，同时身体略转向来球一侧，在踢球的瞬间，脚面绷直并用力，用前脚掌将球踢起。

❈ **技术要点**

前脚掌身后踢球主要用于救险球，将落在紧靠身体后方的低球踢起来。

❈ **错误纠正**

练习时易出现上体不能跟随下肢转动、踢球时脚面未绷直、脚踝用力不够等问题。因此，应加强身体柔韧性练习和对前脚掌力量的训练。

❈ **练习方法示例**

后退防守，队员略靠前站立，一人向身后抛球，防守队员快速后退接球。

图 3-2-4

前脚掌拍压球

动作方法 见图 3-2-5

（1）面对球网站立，当球在网前时，支撑腿略屈膝，踢球腿大腿屈膝抬起，前伸小腿，使脚掌对准来球，同时支撑腿略屈，提脚跟，上体略后仰，两臂略屈前摆。

（2）在击球的瞬间，小腿前伸，脚面绷直，脚踝用力，以前脚掌的拍压动作将球击入对方场区，也可跳起拍压。

技术要点

前脚掌拍压球是进攻技术的一种，多用于拍压网前高球或平于网的球，具有攻击突然、力量大、速度快等特点，还易于改变球的落点，增加防守难度。

错误纠正

练习时易出现重心不稳、落点和落地时间判断不准等问题。因此，应加强前脚掌触球练习，接球时判断好落点，掌握好脚掌推压球的时机与触球部位。

练习方法示例

（1）前脚掌向前推运球练习：每人一球，用脚掌向前推运球。

（2）有拦网者的进攻练习：防守一方有一人或两人拦网，以增加进攻难度。

（3）进攻练习：适当提高网高，进行进攻训练。

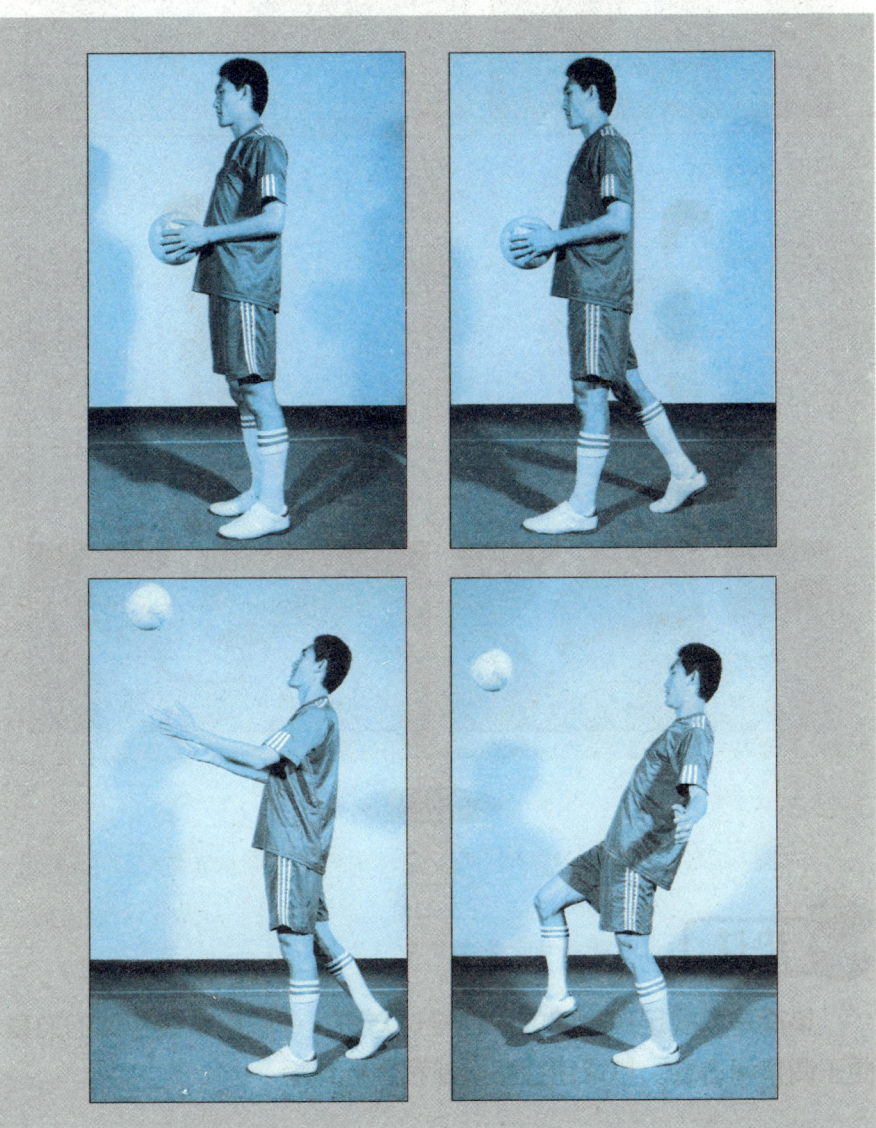

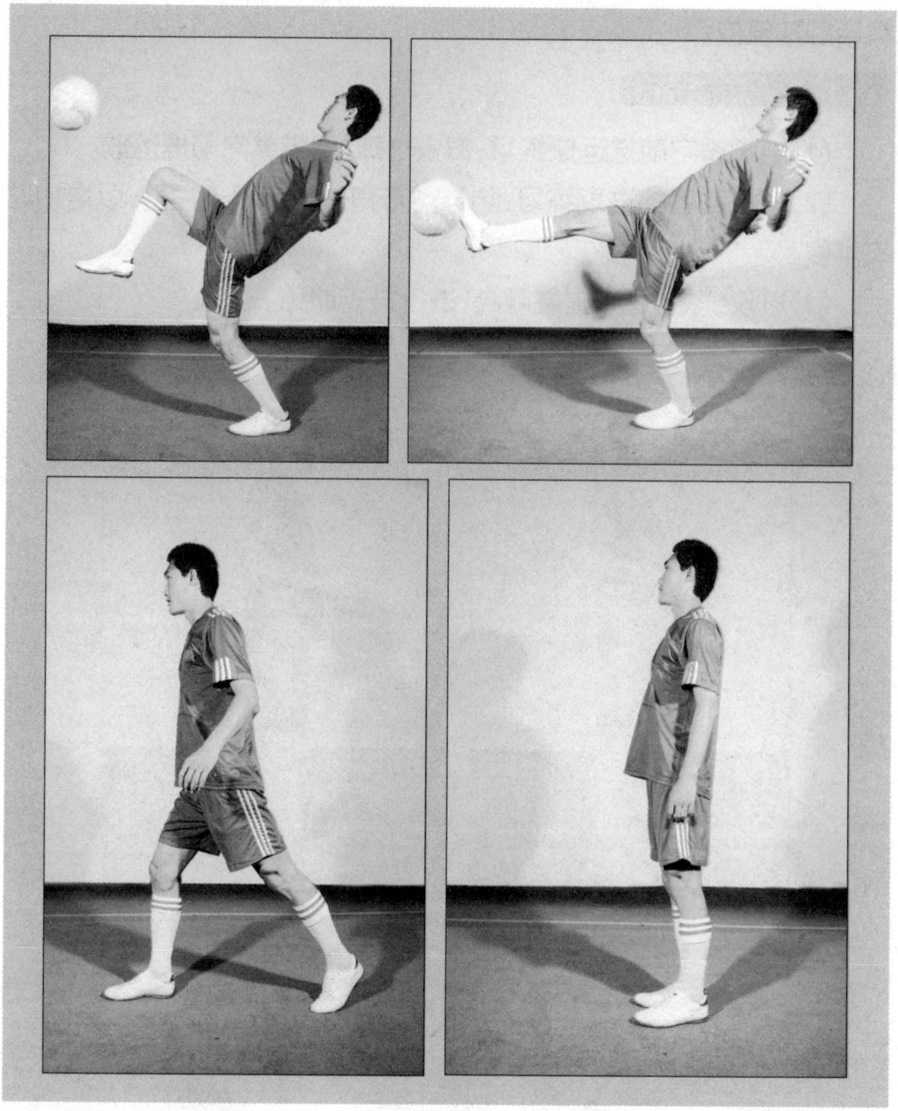

基本技术

图 3-2-5

垫球是网式足球常用的一种接球方法，一般用来缓冲球的力量，便于调整和进攻。垫球包括胸垫球和肩垫球等。

胸垫球

动作方法　见图 3-2-6

（1）两脚前后开立或左右开立，两膝略屈，上体略向后仰，略含胸收下颌，目视来球。

（2）当球到胸前上方时，两腿后蹬，胸部上挺或两脚轻轻跳起，用胸部把球击出。

技术要点

若在垫球的瞬间加上不同的转体动作，可调整球的下落路线和方向。

错误纠正

练习时易出现上体紧张，未主动挺胸迎球而只是触球，使球弹起高度不够，发生三次连击等问题。因此，应注意球下落的时机，体会触球瞬间的技术动作，保证球在胸部上方。

练习方法示例

（1）原地起跳、助跑起跳练习。

（2）连续原地跳练习。

（3）左右移动防守练习。

（4）前后移动防守练习。

（5）后倒接球练习：两人一球，距离 8～10 米，一抛一接。

图 3-2-6

肩垫球

动作方法 见图 3-2-7

（1）当来球至肩侧时，两腿屈膝，重心下降，快速沉肩插到球下方。

（2）在垫球的瞬间，利用腿部蹬伸和耸肩动作将球垫落在身前，或直接垫入对方场区。

技术要点

对网前较高的来球、险球或突然飞向肩部的球，应用肩垫球，以改变球的飞行路线、力量和落点。

错误纠正

练习时易出现肩未能及时插入球下、沉肩不够、耸肩和蹬伸腿动作不协调等问题。因此，应判断好球下落路线，控制触球的部位。

练习方法示例

两人一组，抛过网球练习。

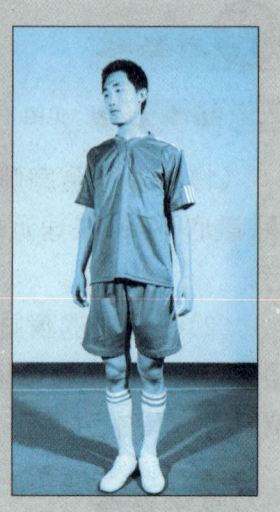

图 3-2-7

肩扣球

肩扣球是指接球后直接用肩将球扣入对方场区的方法。

动作方法　见图 3-2-8

（1）两脚略分，前后开立，击球肩侧的脚在前，当球飞来时，身体快速扭转并侧倾。

（2）击球时，两腿迅速蹬伸，转体、收腹、甩肩，用肩头将球直接扣入对方场区。

技术要点

肩扣球多用于击网前高于或平于网的球，突然性大，可使对方措手不及。

错误纠正

练习时易出现身体过挺,未侧倾扭转,击球时收腹、甩肩力量不够,击球部位偏向颈部等问题。因此,应加强身体柔韧性、协调性练习,体会触球部位的准确性和甩肩的力度大小。

练习方法示例

(1)一人拍击或一人踢球,一人防守练习。

(2)一人拍击或一人踢球,两人防守练习。

(3)两人拍击或两人踢球,一人防守练习。

基本技术

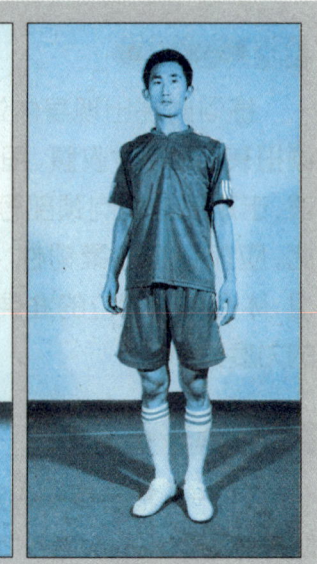

图 3-2-8

膝拱球

膝拱球是指用膝部将球拱起的方法，可原地拱球，也可转身或移动上步拱球。

 见图 3-2-9

（1）一腿支撑，另一腿以髋关节为轴，大腿屈膝上提，插于来球下方。

（2）小腿与大腿夹紧，大腿快速上抬，用膝关节以上大腿部位击球。

技术要点

用膝关节上部 10 厘米处将球

拱起,落于身前或直接拱入对方网前。

错误纠正

练习时易出现膝关节未能插入球下、迎球动作不到位、球触膝部位不准确等问题。因此,应做大腿颠接球、点地放脚接球练习,体会动作要领。

练习方法示例

（1）一抛一接练习：要求一人发球,一人接发球。

（2）一抛二接或一发二接练习：要求另一人保护。

（3）一抛三接或一发三接练习：要求三人配合好,不失误,或者在接球后组织进攻。

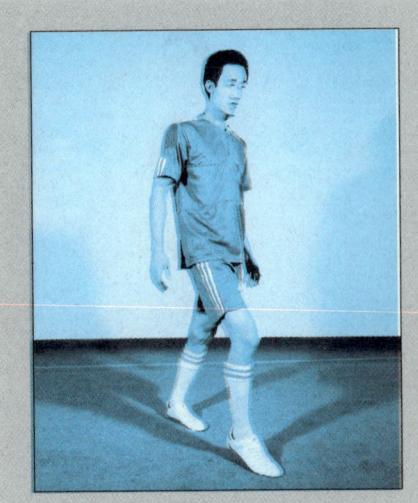
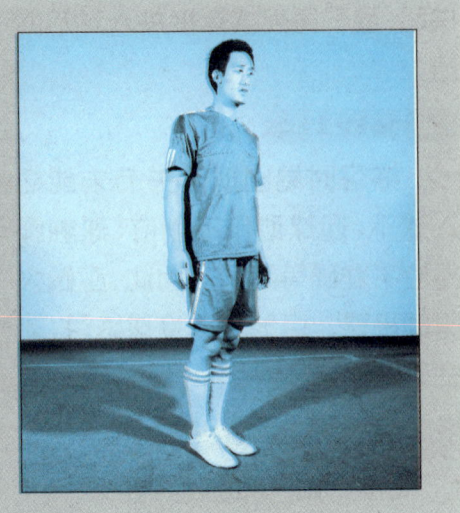

图 3-2-9

头顶球

头顶球多用于攻击性球和拦截较高来球。由于其飞行路线、力量、速度和落点因人而异，因此会给对方防守带来一定的困难，是进攻方式的一种。头顶球包括前额正面顶球和前额侧面顶球等。

前额正面顶球

原地前额正面顶球

动作方法 见图 3-2-10

（1）正对来球，两脚前后开立或左右开立，腿略屈，上体略后仰，重心放在后脚或两脚上，两臂自然张开。

(2)目视来球,下颌用力向回收,当球飞到头前上方,恰好垂直于身体时击球。

　　(3)击球时两腿用力蹬地,重心前移,迅速收腹,上体前屈,前摆甩头,用前额正面将球顶出。

技术要点

　　(1)颈部用力向前甩头,在身体的垂直部位用前额正面击球中后部。

　　(2)如果同伴传的球有利于进攻,进攻队员可不用做调整传球,直接起跳进攻。

错误纠正

　　练习时易出现身体紧张、击球点偏前或错后、球触头部位错误等问题。因此,应将前额触球练习与主动击球练习相结合,体会头触球时的部位与感觉。

练习方法示例

　　(1)抛顶球练习:两人一组,一人抛球一人顶球。

　　(2)顶吊球练习:协调用力连续顶球。

　　(3)自抛自顶练习:要求判断好顶球时机与部位,颈部要紧张用力。

　　(4)每人一球,做连续顶颠球练习。

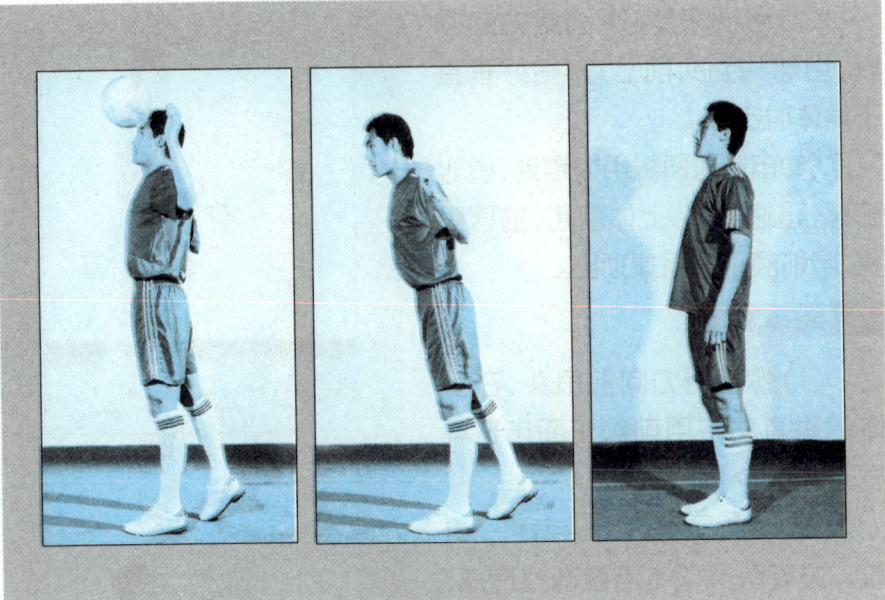

图 3-2-10

原地跳起前额正面顶球

动作方法 见图 3-2-11

（1）正对来球，两脚用力蹬地起跳，上体后仰，两臂张开，使身体呈反弓形，目视来球。

（2）在击球的瞬间，快速收腹，上体前屈、甩头，将球用前额正面顶出。

技术要点

（1）起跳时，两臂由后向前上方摆动，两腿伸直，使身体腾起在空中，上体适当后仰。

（2）顶球的瞬间，借腰、腹的力量用前额骨的正面将球顶出。

错误纠正

练习时易出现起跳时机过早或过迟等问题。因此，应通过原地起跳、连续原地跳等方法加强身体协调性和弹跳能力，判断来球，尽量保证头触球的时间是在起跳后的最高点。

🏵 练习方法示例

（1）原地起跳练习。
（2）连续原地跳练习。
（3）跳起腾空拍脚练习。

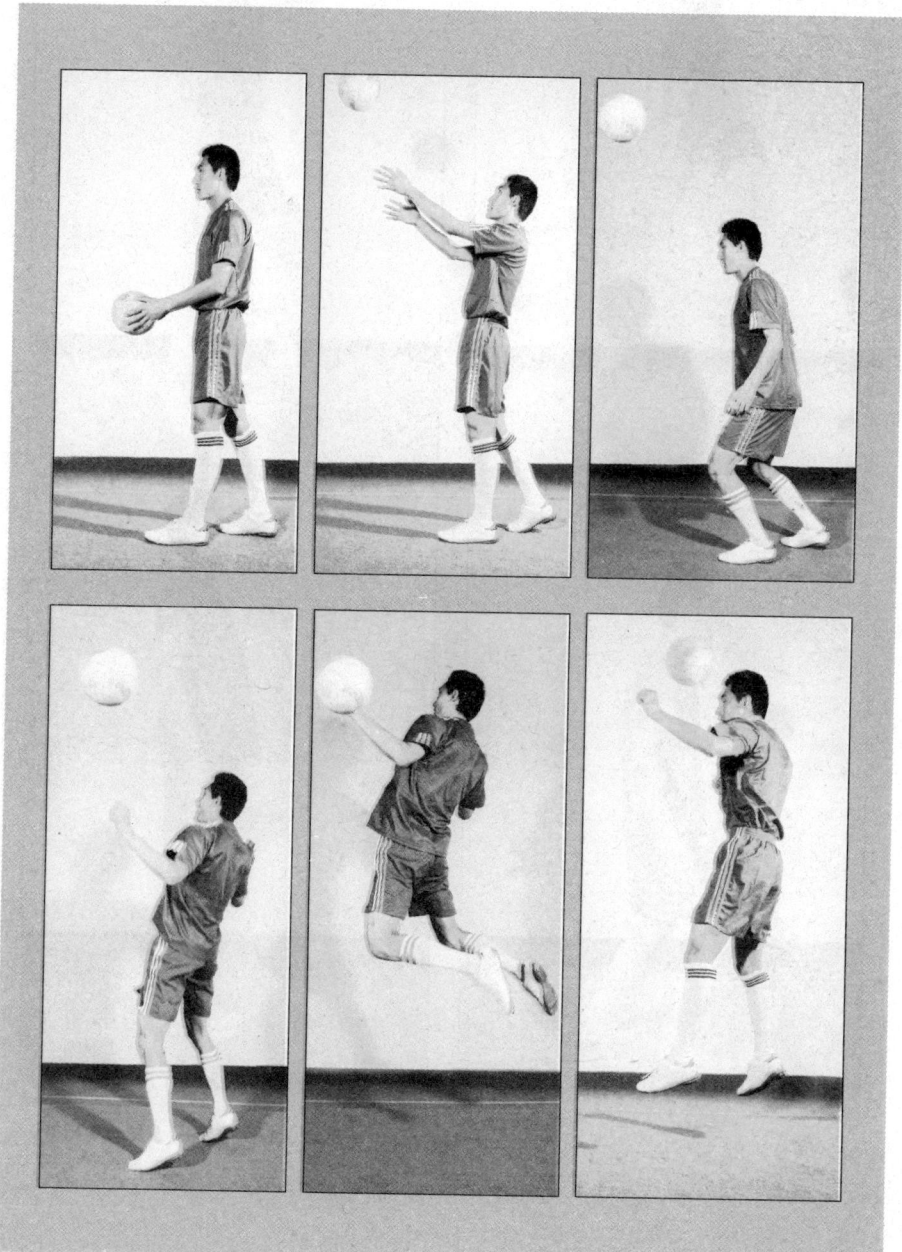

基本技术

图 3-2-11

064

助跑跳起前额正面顶球

动作方法 见图 3-2-12

（1）直线或斜线助跑 2~3 步，左（右）脚跨出最后一步，步幅略大，右（左）脚要迅速并上，落在左（右）脚侧方，两脚用力蹬地起跳。

（2）其余动作同原地跳起前额正面顶球，也可用单脚起跳。

技术要点

助跑时，最后一步的步幅略大，快速并腿起跳。

错误纠正

练习时易出现跨步过大、并腿过慢等问题。因此，应加强身体协调性和弹跳能力训练。

练习方法示例

（1）原地起跳、助跑起跳练习。

（2）连续原地跳练习。

（3）向左右、前后移动后起跳练习。

（4）跳起手摸空中悬挂物件练习。

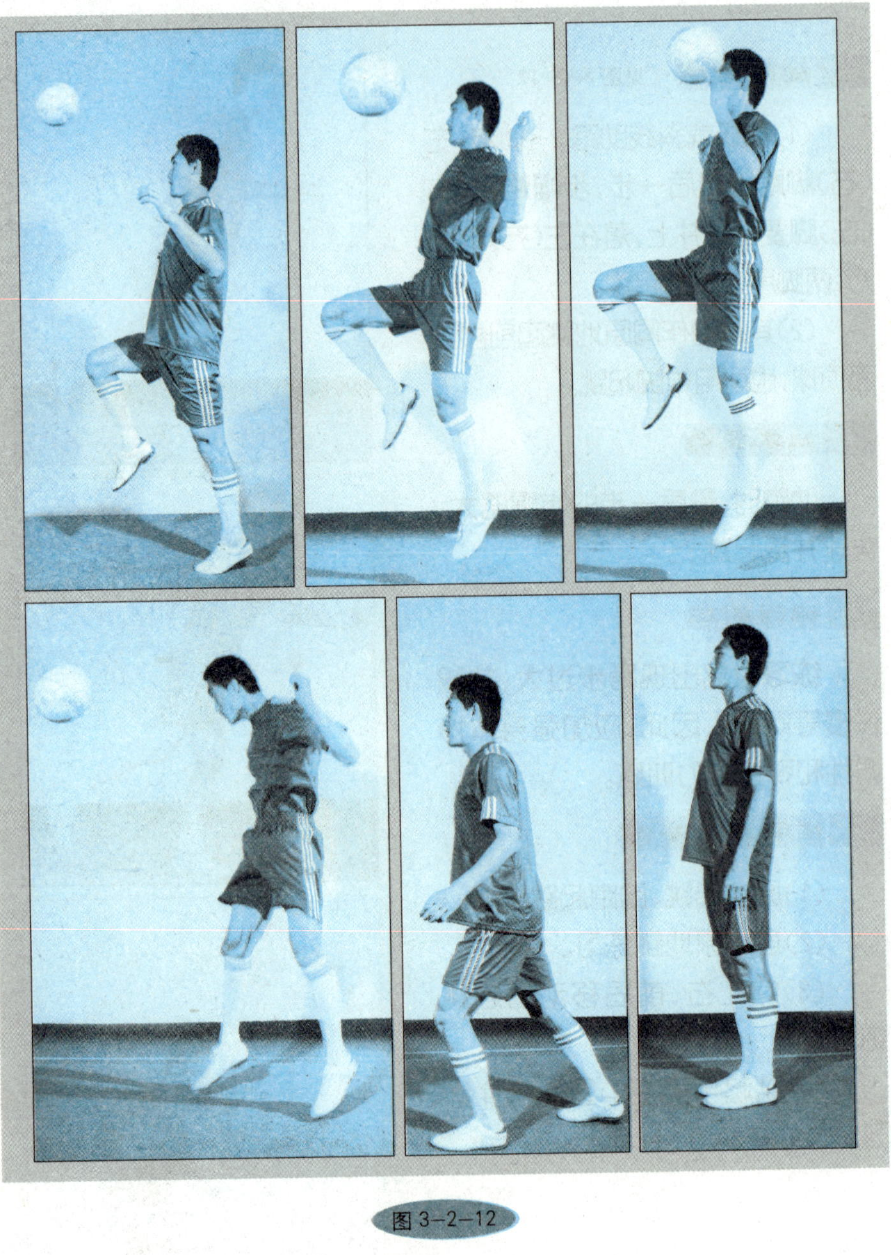

图 3-2-12

前额侧面顶球

原地前额侧面顶球

动作方法 见图 3-2-13

（1）正对来球，两脚前后或左右开立，腿略屈，上体和头部偏转向出球方向的异侧，使击球的前额侧对来球。

（2）击球的瞬间，以蹬地、转体、甩头的力量将球顶出。

技术要点

此种方法，由于身体摆动幅度大，所以出球时应力量大，距离远。

错误纠正

练习时易出现前额未能对准来球、动作衔接不好等问题。因此，应做原地左右顶球练习，体会动作要领。

练习方法示例

（1）原地起跳练习。

（2）连续原地跳练习。

（3）模仿转身顶球动作练习。

图 3-2-13

跳起前额侧面顶球

动作方法 见图 3-2-14

与原地前额侧面顶球动作基本相同,多用上步和单脚起跳,起跳后身体向一侧屈体,当球恰好飞到身体与地面呈垂直部位时,上体急速侧转,摆动腿蹬伸,同时甩头,用前额侧面将球顶出。

技术要点

跳起时,用出球方向异侧脚起跳,使身体腾空达最高点时,上体侧仰,侧对来球。

错误纠正

练习时易出现触球部位不准确、时机掌握不当等问题。因此,转体、转头动作应协调,进行左右两侧相结合训练。

练习方法示例

(1)原地起跳练习。

(2)连续原地跳练习。

（3）单、双脚跳台阶练习。
（4）左右前额侧面顶球练习。

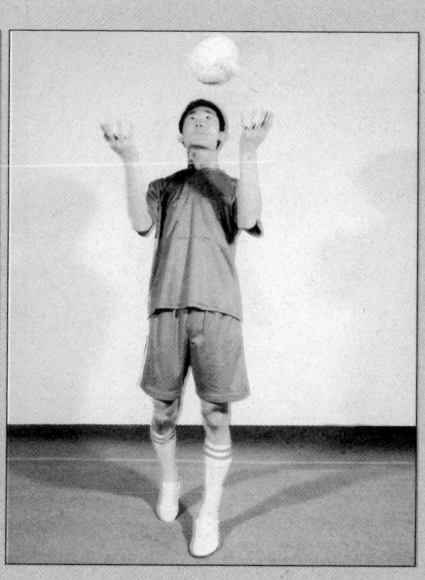

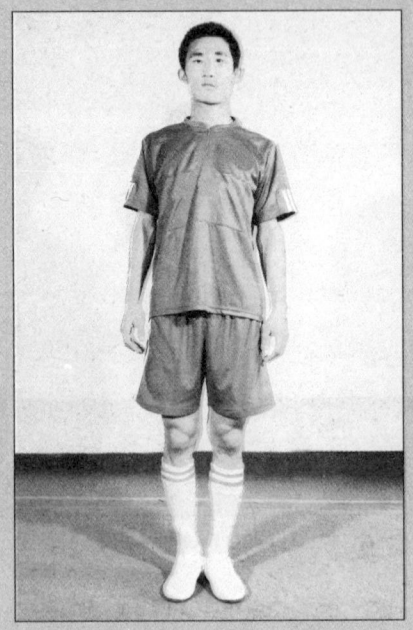

图 3-2-14

助跑跳起前额侧面顶球

动作方法 见图 3-2-15

（1）上前一步或助跑 2～3 步，上步或助跑是斜线，最后一步落地时略大，单脚起跳并用力蹬地，另一腿屈膝上提，使身体腾空。

（2）当身体上升时，上体侧屈，使前额侧面对准来球，其余动作同跳起前额侧面顶球。

技术要点

两臂张开，以增加身体转动速度，并维持身体平衡。

错误纠正

练习时易出现助跑与起跳衔接不好等问题。因此，应加强身体协调性的练习，体会动作要领。

练习方法示例

（1）原地起跳、助跑起跳练习。

（2）连续原地跳练习。

（3）同伴有目的地传出离网较近而高的球，进攻队员立即起跳，运用头球进攻练习。

（4）指定区域的进攻，规定球的落点和路线练习。

图 3-2-15

第三节 接发球

接发球也可称为一传。接发球是组织进攻的开始,是实施战术的先决条件,也是夺取发球权的一个重要环节。接发球的好坏直接关系到战术应用的质量和效果的好坏,关系到是否能获得发球权或会不会失分的问题。有战术意识的接发球和传球,能更有效地组成第一次进攻战术。接发球包括准备姿势、起动与移动和接发球技术要领等。

准备姿势

准备姿势是各种接发球的基础动作,需要首先学习和掌握。准备姿势包括平行站立和前后站立等。

平行站立

动作方法 见图 3-3-1

(1) 两脚左右开立,比肩略宽,两脚站在同一条直线上,两脚尖内收,呈内"八"字,脚跟提起,大脚拇趾扣地,着力点在前脚掌内侧。

(2) 大小腿约呈 100~110 度角左右,两膝略内收,膝部垂直面超出脚尖,上体略向前倾,身体重心置于两脚之间,两肩的垂直面可超出膝部,两肘自然下垂,两臂弯曲,两手置于体前。

技术要点

注意力高度集中,目视来球,两脚要保持"静中待动"的状态,有如箭在弦上,呈引而待发之势。

错误纠正

练习时易出现重心过高、起动过慢等问题。因此,应使整个身体姿势降低,全身肌肉适当放松,不宜过于紧张,两脚保持微动状态。

练习方法示例

（1）滑步练习：左右滑步、前后滑步、看听信号改变方向的滑步。
（2）快跑练习：在迅速移动中，看听信号突然改变方向的快速跑。
（3）左右滑步分别摸场地边线、端线及中线练习。

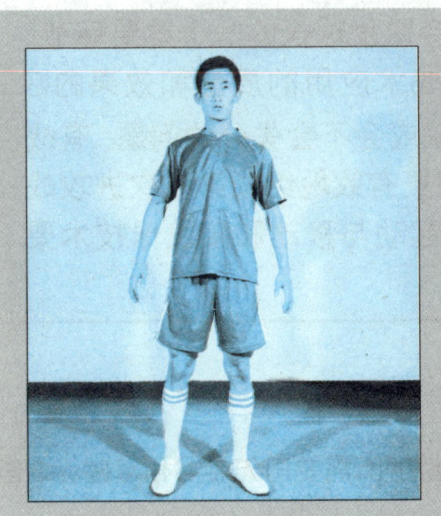

图 3-3-1

前后站立

动作方法　见图 3-3-2

两脚前后分开，右脚或左脚略前出，距离后脚约一只脚的距离，脚后跟提起，其余动作同平行站立。

技术要点

膝关节保持一定弯曲度，上体前倾，重心靠前。

图 3-3-2

错误纠正

练习时易出现重心靠后、上步过大等问题。因此,应调整上步距离,重心靠前。

练习方法示例

(1)从端线快速跑,摸中线后快速后退练习。
(2)一人满场飞跑接球练习。

起动与移动

起动是移动发力的开始,它的快慢是移动的关键,起动的速度取决于正确的准备姿势、反应能力和腰腿部的速度力量。从起动到制动的过程称为移动。移动的目的主要是及时接近球,保持好人与球的位置关系,以便击球。迅速的移动可占据场上的有利位置,争取时间和空间。队员能否及时移动到位,直接影响着技战术的质量好坏。起动与移动包括滑步、跨步、交叉步、退步和跑步等。

滑步

动作方法 见图3-3-3

一脚先向右侧方迈出一步,另一只脚迅速跟着滑步,移动后身体仍保持正确的准备姿势,以便快速击球。

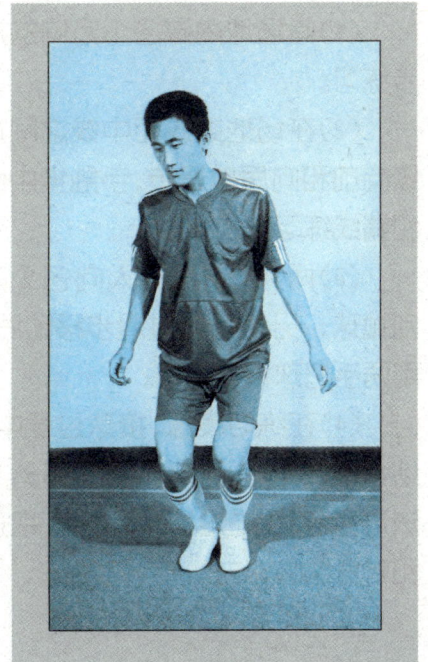

技术要点

（1）当来球距身体一步左右时，可采用并步滑步，如向前移动时，则后腿蹬地，前脚向来球方向跨出一步，后腿迅速跟上，做好击球准备。

（2）当球在体侧略远，并步不能直接近球时，可采用快速连续滑步。

错误纠正

练习时易出现准备姿势过高或过低、不屈腿、身体重心向后等问题。因此，应慢速进行练习，体会动作要领。

练习方法示例

（1）向场地内做各个方向的滑步练习。

（2）在场地端线和中线之间连续向前和向后做滑步，手触摸中线和端线练习。

（3）两人一组，一人向各个方向抛球，另一人通过滑步移动后，用两手把球接住练习。

（4）在练习传球、接球过程中，结合各种准备姿势、起动、移动步法进行练习，借以提高移动、取位和对准球的能力。

图 3-3-3

跨步

动作方法 见图 3-3-4

移动时,一脚蹬地,另一脚迅速向前或向侧前方跨出一步,重心移至前脚上,后脚迅速跟上,并触球或踢球。

技术要点

跨步便于接 1~2 米的低球,移动时步幅较大,身体重心较低,可以向前、向斜前或向侧方跨步。

错误纠正

练习时易出现重心滞后、跨不出去等问题。因此,应多进行跨步练习,体会动作要领。

练习方法示例

（1）向场地内做各个方向的跨步练习。

（2）两人一组,一人向各个方向抛球,另一人通过跨步移动后,用两手把球接住练习。

（3）两人一组,一人做向各方向的移动,另一人跟随做相同方向的移动练习。

（4）在练习传球、接球过程中,结合各种准备姿势、起动、移动步法进行练习,借以提高移动、取位和对准球的能力。

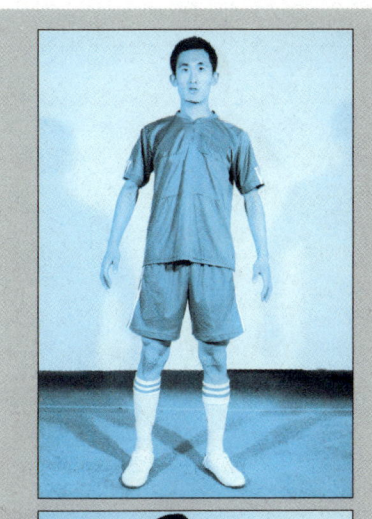

图 3-3-4

交叉步

动作方法 见图 3-3-5

以向左交叉步为例。上体略向左转,右脚从左脚前向左侧交叉迈出一步,然后左脚再向左跨出一大步,同时身体转向来球方向,保持击球前的姿势。

技术要点

（1）移动中要保持身体重心。
（2）在实际应用中,通常将它和滑步配合使用。

错误纠正

练习时易出现身体重心起伏大等问题。因此,应多进行交叉步练习,体会动作要领。

练习方法示例

（1）在场地端线和中线之间,连续向前和向后做交叉步,手触摸中线和端线练习。

（2）看手势，连续做滑步、跨步、交叉步练习。

（3）两人一组，一人做向各方向的移动，另一人跟随做相同方向的移动练习。

（4）在练习传球、接球过程中，结合各种准备姿势、起动、移动步法进行练习，借以提高移动、取位和对准球的能力。

图 3-3-5

退步

动作方法 见图3-3-6

判断准来球后,先调整重心,然后根据方向,一脚蹬地迅速向后撤一小步,同时上体向后撤腿一侧转,另一侧身体对网,并步移至来球位置。

技术要点

移动时,身体应保持较低的准备姿势,两脚快速交替向后退步。

错误纠正

练习时易出现身体重心起伏大等问题。因此,应多进行退步练习,体会动作要领。

练习方法示例

(1)看手势,做连续后退练习。

(2)看手势,连续做后退、滑步、跨步、交叉步练习。

(3)两人一组,一人做向各方向的移动,另一人跟随做相同方向的移动。

(4)在练习传球、接球过程中,结合各种准备姿势、起动、移动步法进行练习,借以提高移动、取位和对准球的能力。

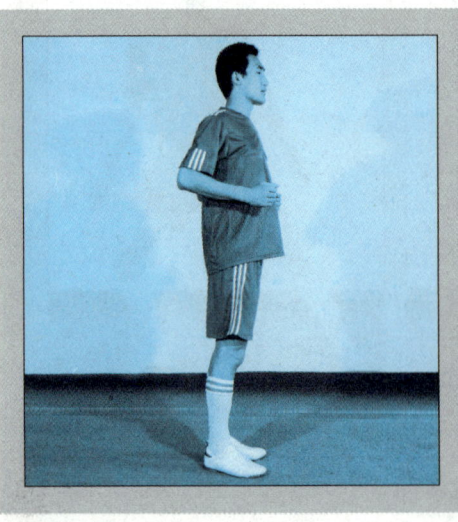

接发球

图 3-3-6

▼ 跑步

动作方法 见图 3-3-7

球离身体较远时需用跑步,跑步移动时,两臂要配合摆动,根据来球的方向,边跑边转身,并逐渐降低重心,做好击球准备。

技术要点

跑动时,两臂应用力摆动,以加快速度,争取用最快的速度接近球的落点,以便做出相应的击球动作。

错误纠正

在练习时易出现跑步后制动不及时等问题。因此,应多进行变

向跑练习,体会动作要领。

练习方法示例

(1)围场地慢跑,当看到手势即急停,做好准备姿势练习。

(2)准备姿势和移动相结合的练习。

(3)在练习传球、接球过程中,结合各种准备姿势、起动、移动步法进行练习,借以提高移动、取位和对准球的能力。

图3—3—7

接发球技术要领

网式足球接发球技术以触球为主。触球是网式足球的主要技术动作,是组织反攻战术的基础。触球技术的熟练程度和运用能力,是争取胜利的重要条件。

触球技术要领

触球时,要看准来球方向,迅速做出正确判断,立即起动,移动到最佳触球位置。利用蹬地、摆腿和身体的协调动作,把球准确触在大腿的最佳部位。在触球的瞬间,大腿应迅速上抬与身体呈90度角,把球触击在体前垂直位置或有利于自己第二次击球的位置,以便准确将球传给进攻队员。

控制击球方向和落点

要控制击球的方向和落点,必须做到下列三点:

（1）针对来球的弧度保持好触球腿同身体的角度，如果来球的弧度大，大腿和身体应基本呈 90 度角；如果来球比较低平，力量又大，那么腿与身体之间的夹角就应大于 90 度角。

（2）来球的力量大时，腿上摆的力量要小，上摆的速度要快。

（3）如果要把球触得远或者触过网，就必须利用蹬地、高摆大腿和身体的协调性，用力把球触击到远处或使之过网。

接发球个人技术

充分发挥接发球的个人技术，主要是为本队创造有利机会，以便组成预定的进攻战术。在实战中，个人接发球应注意如下几点：

（1）迅速站立，充分准备，注意力高度集中，准备移动击球。

（2）仔细观察判断对方击球情况，包括对方采用何种发球方法，发球和击球的性能特点，球的飞行方向、弧度和落点等。

（3）根据不同的进攻战术，传出的球应有方向、高度和落点的变化。

（4）找准对方的空当和弱点，及时传球，如果对方场区露出空隙或队员精力不集中时，可立即把球传入对方场区空隙处，以攻其不备，直接得分。

接发球注意事项

接发球时要做到"宽""快""准""活"。

"宽"

队员的视野必须宽广，通观全局，心中有数。队员的视野愈开阔，环视能力愈强，则了解场上变化的能力就愈强，瞬息间做出正确判断的能力也愈强。

"快"

"快"就是反应快、意识快、预判快。一个优秀的网式足球队员，只有具备了较强的预判能力,在比赛中对任何来球才不会感到意外或出现被动。

 "准"

"准"就是观察准、判断准、预判准、决判准。不准就会带有盲目性,这样接球时动作就会变形,传不出好球造成失误,进而影响整个战术的发挥。因此,目光必须敏锐,判断一定要准确。

 "活"

"活"就是打法要灵活,虚实结合。在比赛中,场上情况瞬息万变,变幻莫测,适当地采用假动作,虚虚实实、真真假假,不但会给对方造成错觉,而且还可以给本队的战术带来隐蔽性,从而达到出其不意、攻其不备的目的。

第四节 进攻

进攻是完成战术配合的关键行动,是得分的重要手段。强有力的进攻,可使对方难于组成预定的防守和反击战术,使本队夺取发球权或得分。但成功的进攻,必须有良好的接发球和传球的密切配合,也有赖于进攻队员根据场上变化情况,击出多变而有威力的好球。进攻技术包括倒勾、进攻个人技术和注意事项与训练方法等。

 倒勾 ◆◆◆◆◆◆◆◆◆◆

倒勾的技术比较复杂,按其动作结构,大致可分为调整传球、起跳、空中击球和落地四个互相衔接的部分。

 调整传球

动作方法 见图3-4-1

(1)根据来球速度、运行轨迹,选好击球点,及时移动到位。

(2)背对球网站立,支撑脚在前,踢球脚在后,重心落在前脚上。

(3)由于接发球队员传出的球不能直接倒勾,需要自己给自己传一次球。

技术要点

(1)起动、移动要快,踢球脚的动作正确,有很好的控制球能力。

(2)传的球应具有一定高度,至少高过头顶,这样的球有一个垂直下落的过程,有利于倒勾。

(3)传球的落点要求在离网1~1.5米左右,也可根据自己的习惯确定落点。

错误纠正

练习时易出现起动慢、传球不到位等问题。因此,应多进行调整传球练习,体会动作要领。

练习方法示例

两人配合,进行调整传球练习。

基本技术

图 3-4-1

 起跳

并步法起跳

动作方法　见图 3-4-2

根据球的落点，左脚迈出一步调整身体位置，右脚迅速跟上并步，

随即蹬地起跳。

❋ 技术要点

判断准确,起跳及时,跳得要高,位置恰当,以利于在空中完成击球动作。

❋ 错误纠正

练习时易出现起跳过低等问题。因此,应进行起跳练习,体会动作要领。

❋ 练习方法示例

(1)原地起跳练习。
(2)并步法起跳练习。

图 3-4-2

跨步法起跳

动作方法 见图 3—4—3

右脚根据落点跨出一步,左脚迅速蹬地,上摆起跳。

技术要点

判断准确,起跳及时,跳得要高,位置恰当,以利于在空中完成击球动作。

错误纠正

练习时易出现起跳过低等问题。因此,应进行起跳练习,体会动作要领。

练习方法示例

（1）原地起跳练习。
（2）跨步法起跳练习。

图 3—4—3

 空中击球

动作方法　见图 3-4-4

（1）当球几乎垂直下落到离网高 1 米左右的高度时，迅速起跳，尽力上摆左腿，同时右脚用力蹬地，在左腿上摆时右腿迅速上摆，并高于左腿。

（2）腾空时右脚尖绷直，对准下落球，当球与脚面接触的瞬间，利用在空中收腹、上摆腿、勾脚尖的力量，将球击过网。

技术要点

可以根据战术需要，确定适宜的调节度与落点。

错误纠正

练习时易出现动作幅度较大，导致身体左右晃动等问题。因此，应控制好身体，保持稳定。

练习方法示例

（1）原地勾踢练习。
（2）凌空踢倒勾球练习。

基本技术

图 3-4-4

落地

动作方法 见图 3-4-5

击球后,左脚先落地,右脚随之落于左脚右侧,迅速转身面对网,目视来球,并做好下一次击球的准备。

技术要点

落地时应尽量控制好身体平衡,不要触网。

错误纠正

练习时易出现身体控制不好,左右摇晃等问题。因此,应控制好身体,保持重心稳定。

练习方法示例

原地起跳、落地练习。

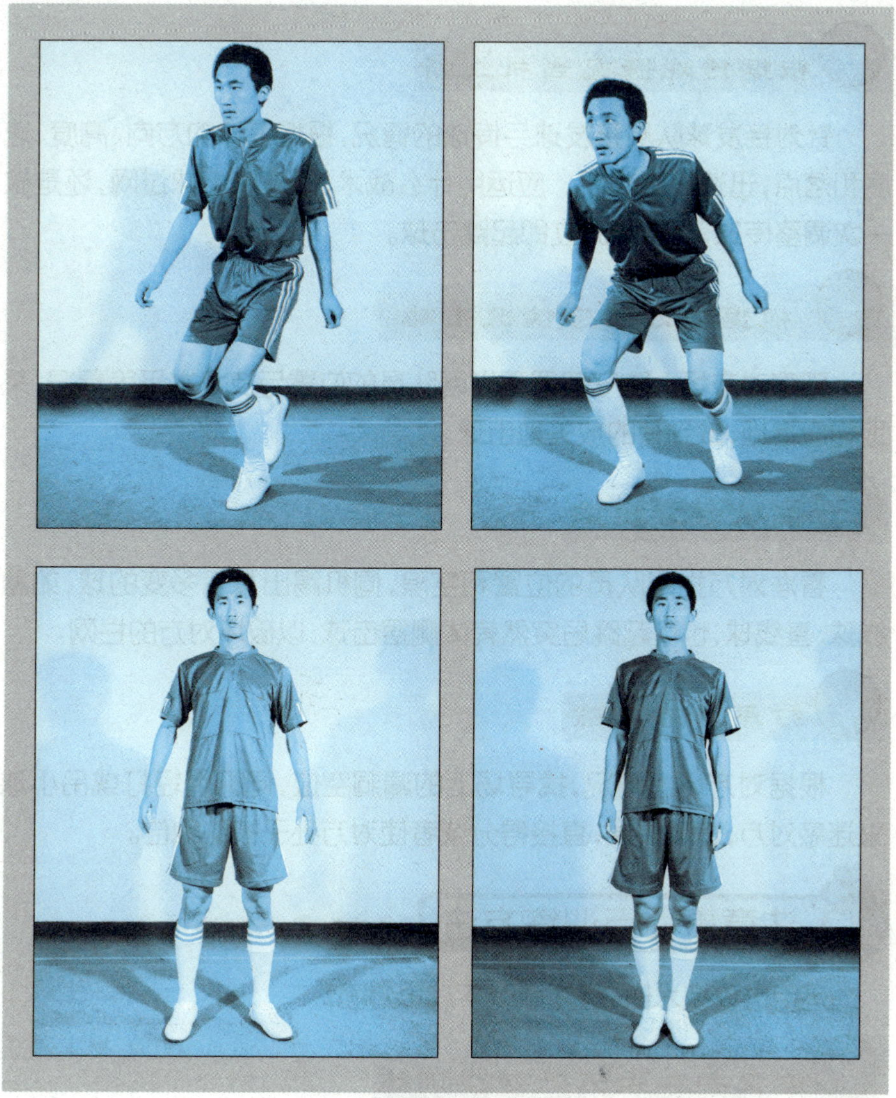

图 3-4-5

进攻个人技术

进攻是在激烈比赛中完成的,同时也是在接发球队员的接发球和传球的密切配合下,在与对方拦网竞争中进行的。因此,在实践中应注意以下几个方面:

根据传球情况当机立断

针对接发球队员接发球与传球的情况,根据传球的方向、高度、速度和落点,迅速做出判断。应运用什么战术,是直接击球过网,还是做一次调整传球,判断同时立即起跳击球。

 根据对方防守情况击球

观察对方场上防守部署和拦网队员的位置与技术水平等情况,采取相应措施,做到有的放矢地击球。

 突破对方拦网

看准对方拦网队员的位置和空隙,伺机踢出灵活多变的球,如斜线球、直线球,也可起跳后突然转体侧摆击球,以破坏对方的拦网。

 打吊对方空隙

根据对方场上情况,找寻场上的漏洞空位,伺机用轻打或吊小球来迷惑对方,造成失误,直接得分或者使对方处于被动地位。

注意事项与训练方法

运用进攻技术时,应注意以下几个方面:

 重视和加强基础动作训练

进攻是一项既关键又复杂的技术,必须对每个队员进行系统地专门训练,既要有完整动作的训练,也要有分解动作的训练。尤其是对传球、起跳、空中击球和落地等常用的倒勾进攻技术动作,要经常进行基本功训练。

 掌握好进攻技术难点和关键

进攻技术的难点和关键主要是起跳和空中击球。起跳的关键是掌握好起跳时间。空中击球的难点是控制球的能力。如果起跳时机和地点选择得正确,可以弥补空中击球的缺陷;如果起跳掌握不好,就极易造成失误。因此,每个队员都要抓住进攻的技术动作,进行强化训练,力求能够较好地掌握和运用。

加强队员身体素质的训练

进攻威力的大小,主要取决于球的力量、高度、速度、角度、落点和目的性等因素。应根据不同情况,加强队员的身体素质和专项素质的训练。通过训练,提高队员的弹跳能力和身体的柔韧性,主要是加强腰腹部和腿部的力量及柔韧性,以增强进攻的威力。

结合拦网进行训练

进攻和拦网是既相矛盾而又不可分割的两个方面,在实战中,有进攻就有拦网。因此,结合拦网进行进攻训练符合实战需要,有利于进攻拦网技术水平的提高。

第五节 拦网

拦网是得分的重要手段,是组织反攻的序幕和防守的第一道防线,也是防头攻球和脚攻球的最有效办法。有效的拦网能减轻对方攻击性击球所造成的压力,还可直接得分,不但具有防守中的攻击性,也是由防守转为进攻的开始。拦网包括单人拦网和双人拦网等。

单人拦网

单人拦网技术是拦网最基本的形式,它是集体拦网的基础,由准备姿势、移动、起跳、空中拦击和落地五个相互衔接的部分组成。

动作方法　见图 3-5-1

（1）在离中线约 20~30 厘米处准备，两脚左右开立，约同肩宽，两膝略屈，两臂自然弯曲置于胸前，做好起跳准备。

（2）当对方组织进攻时，应迅速判断其击球点和球运行的路线及高度。

（3）移动到位后，在对方进攻队员起跳的同时，立即起跳，起跳后在空中略展腹，用胸部略偏向肩的部位对准来球。

（4）起跳腾空后，两臂尽量下垂，当球快要触及胸部的瞬间，迅速收腹含胸，向前抖肩，把球拦在对方近网处。

技术要点

（1）用收腹含胸和抖肩的力量，把球拦在对方近网处。

（2）在腾空、抖肩拦网的同时，适当地收腹，有助于控制腾空的时间和身体平衡，使落地时不致触网。

错误纠正

练习时易出现重心不稳、力量不够等问题。因此，应在腾空时适当收腹，控制腾空的时间和身体平衡，同时加强力量控制。

练习方法示例

(1) 移动拦网，面对网准备，顺网移动一步或两步起跳，徒手练习拦网。

(2) 进攻者的球路线不固定，拦网者根据球的路线做出正确判断，起跳拦网练习。

(3) 拦各种球练习：拍击出各种进攻性的球，用以提高拦网队员的应变能力。

图 3—5—1

双人拦网

双人拦网除发挥单人拦网技术之外，着重强调两人间的相互配合，做到判断、时机和行动一致。

动作方法　见图 3—5—2

两人面对网站立，顺网移动，迅速起跳拦网。

技术要点

尽量避免起跳时的冲撞,或两人之间距离过大,发生漏球。

错误纠正

练习时易出现两人动作不协调、出现漏球等问题。因此,应两人配合默契。

练习方法示例

(1)两人面对网站立,顺网移动,迅速起跳拦网练习。

(2)徒手拦网落地后,立即转身,接应由他人抛来的各种困难球练习。

(3)拦网结合反攻练习:拦网后迅速转入防守与反攻。

(4)一人进攻或用手拍球,两人拦网练习,体会拦网动作要领。

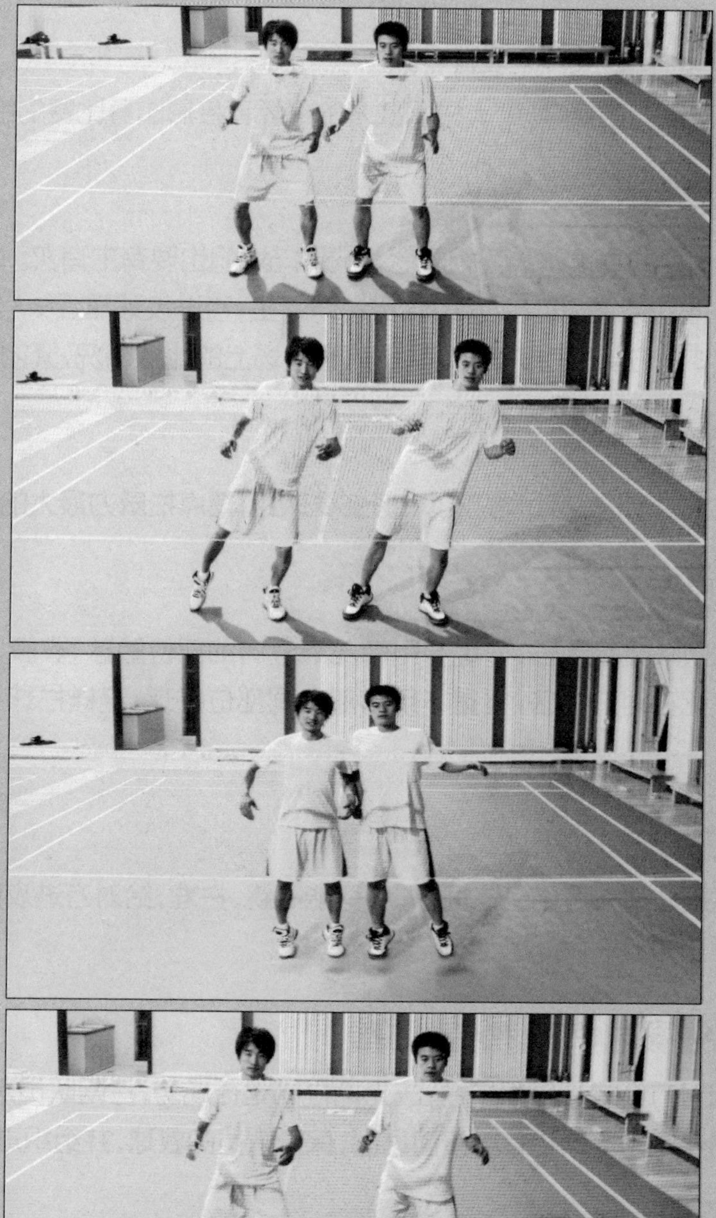

图 3-5-2

拦网

 拦网个人技术

在激烈的比赛中,个人拦网技术的好坏直接影响着比赛的结果。

 以双人拦网为主

双人拦网要求两人互相配合,协调作战,但也要有主有次。进攻球靠近 2 号位时,就应以 2 号位队员拦网为主;当进攻球靠近 3 号位时,则应以 3 号位队员为主,拦网队员应根据场上的比赛情况,紧密配合。

 拦重点球

根据对方进攻战术的特点,抓主要球路,重点拦威力最大的球。

 把球拦死

拦网队员起跳后,一定要用胸部靠近肩的部位触球,收腹、抖肩,把球拦死在对方场区;尽量不用胸部中间部位拦球,这样拦球威胁性不大。

 拦网队员要有一股拼劲

拦网队员一定要斗志旺盛,尽可能高跳、拦准,给对方进攻队员造成心理压力。

 拦网与救球接相结合

因对方经常打吊相结合,故无论拦网是否成功,拦网队员落地后,都应迅速准备救球和转身接应后面,保护队员的救球,并组织进攻。

 注意事项

运用拦网技术时,应注意一下几个方面:

 重视拦网

对拦网应予以高度的重视,防止重攻轻拦的现象。在训练中,它占

的时间和内容,应与进攻所占的比重相同。

 掌握技术关键

拦网队员应判断准确,熟练地掌握移动、起跳、抖肩等基本关键技术动作,努力提高单人拦网的能力。

 做好身体素质和基本功训练

每名队员都应加强身体素质和基本技术训练,做到拦网时判断准确、跳得高、腾空时间长、不触网、不越线等。

 连续作战

拦网队员拦网落地后,应迅速做好下一个动作,养成机动灵活、连续作战的作风。

第六节 保护与防守

保护与防守是网式足球技术中的一个重要环节。它与拦网二者密切联系、互相配合、缺一不可。成功的拦网,可以为后排保护队员创造有利的条件。而坚固的防守和卓有成效的保护,又可以弥补拦网的不足,增强拦网队员的信心,减轻拦网队员的心理负担,还可以直接组织反攻。因此,保护与防守在实践中是一项不可忽视的重要技术。

 保护与防守技术

保护与防守是网式足球比赛中传球、踢球及触球等技术在各种条件下的具体运用。

 动作方法 见图 3-6-1

(1)身体重心比接发球的准备姿势略低一些,以便快速起动。

（2）如果是双人拦网，保护队员应站在拦网队员的中间，身后2米左右的位置上。

（3）如果是单人拦网，保护队员则应站在拦网队员的左侧或右侧，略向后一点的地方。

图 3—6—1

技术要点

（1）保护队员判断要准，反应灵敏，起动要快，踢球、触球动作幅度要小，尤其是面对对方的轻吊球时，应迅速移动到位。

（2）保护队员要善于根据球的突然变化，快速跑动或移动，迅速急停或立即改变移动方向，在规则允许的范围内，用胸、腹、腿等身体部位击球。

错误纠正

练习时易出现判断不准、反应慢等问题。因此，应进行各种球的保护与防守练习，体会动作要领。

练习方法示例

（1）对墙踢反弹球练习。

（2）防反弹球练习：一人向墙抛或踢球，防守队员迅速转身，移动取位接反弹球。

（3）拦网防守保护练习：由一人或两人拦网，两人或者一人防守保护。

（4）两人隔网面对面站立，相互踢球过网练习。

（5）纵排防守练习：3~4人一组，在端线外站成纵队，轮流防守由一人抛出的各种困难球。

（6）横排防守练习：3~4人一组，在边线外站成横线，接由教练员抛出的各种困难球。

（7）攻防结合练习：一人进攻，一人或两人拦网，两人或一人防守保护。

（8）防守反攻结合练习：利用防守接起的球，迅速组织反攻。

（9）半场防守练习：一方组织进攻，另一方防守。

（10）连续组织防守进攻练习：双方站在场内，由一人在场外抛球，给一方组织进攻，另一方组织防守与反攻，连续交替进行。

（11）区域防守练习：重点训练对指定区域的防守。

（12）训练比赛练习：根据训练要求，规定特殊的训练任务，组织评比。

（13）换位防守进攻练习：按要求换位，进行攻防训练。

保护与防守个人技术

个人技术直接影响着比赛中防守与保护战术的发挥,因此,需要认真学习,熟练掌握。

做好准备

保护与防守队员要积极做好准备,思想高度集中,随时准备起动救球。

站位与机动

保护与防守队员要恰当取位,适时机动灵活,与拦网队员之间互相配合,互相补空。如拦网队员拦网时球不过网,保护队员应及时前移救球。

要有顽强的作风

保护与防守队员要勇敢顽强,积极抢救难球、险球,提倡敢打敢拼、勇于救球的顽强作风。

防止轻吊和拦网失误

保护与防守队员在比赛中,要仔细观察,准确判断,及时采取行动;要根据对方的战术、队员的技术特点和本队拦网的情况,迅速做出判断,看准球路,及时到位救球。

注意事项

运用保护与防守技术时,应注意一下几个方面:

加强队员灵敏性等身体素质训练

队员场上的应变能力和脚步的灵活性是靠平时严格训练得来的。因此,应加强队员的灵敏性训练,要求每个队员的左右脚、左右腿、胸部和头部等部位,都能迅速而熟练地击球。

突出一个"快"字

对保护防守,强调判断快、反应快、起动快、移动快、击球快。在训练中,应经常练习对付打吊结合、轻重并用、远近兼施的打法,提高队员的应变能力和脚步的灵活性。

养成勇敢顽强的作风

在训练中要经常结合实战多给队员出难题,制造困难,使队员在平时就养成敢担风险、敢抢险球的顽强作风。

保护防守与进攻要全练

在训练中,保护防守要和进攻、拦网结合一体,从实战需要出发,一起进行训练,以提高在各种艰巨复杂的情况下的保护与防守技术水平。

第四章 基础战术

网式足球战术是指队员根据比赛规则和场上形势,合理运用技术及所采用的有组织、有目的、有预见的配合行动。一个球队战术水平的发挥,不仅要求每个队员有熟练的技术,而且要求全队密切配合,运用得当的战术,发挥全队每个队员的特长,才能取得比赛的胜利。基础战术包括阵容配备与场上位置、进攻战术和防守与保护战术等。

第一节 阵容配备与场上位置

在网式足球比赛时,组成理想的阵容是为了充分发挥本队的特长,加强攻防力量,运用灵活多变的打法来战胜对方。但是,由于队员身体条件和技术水平具有差异性,因此往往会给阵容配备带来缺陷。为了弥补这一不足,在比赛中,可以采用不同的阵容配备和交换位置的方法。

阵容配备

根据进攻队员的特点,可采用"一、二"配备或"二、一"配备。

"一、二"配备 见图4-1-1

一个进攻队员在前,两个保护防守队员在后。

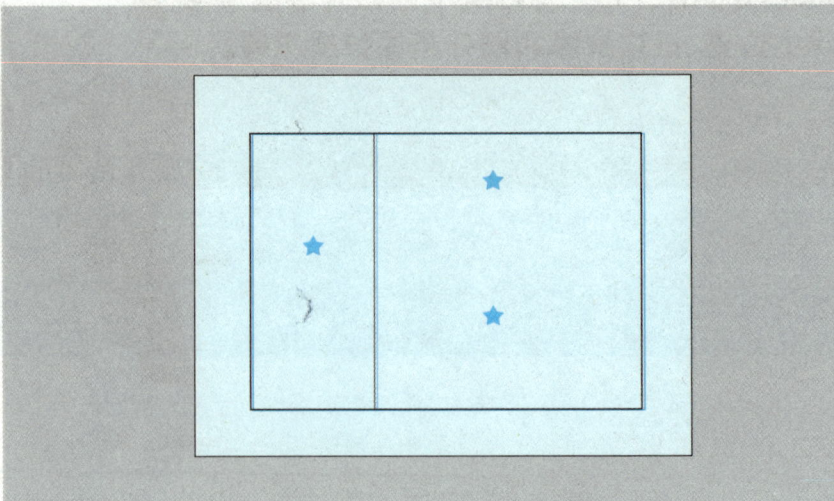

图 4-1-1

"二、一"配备 见图 4-1-2

两个进攻队员在前,一个保护防守队员在后。

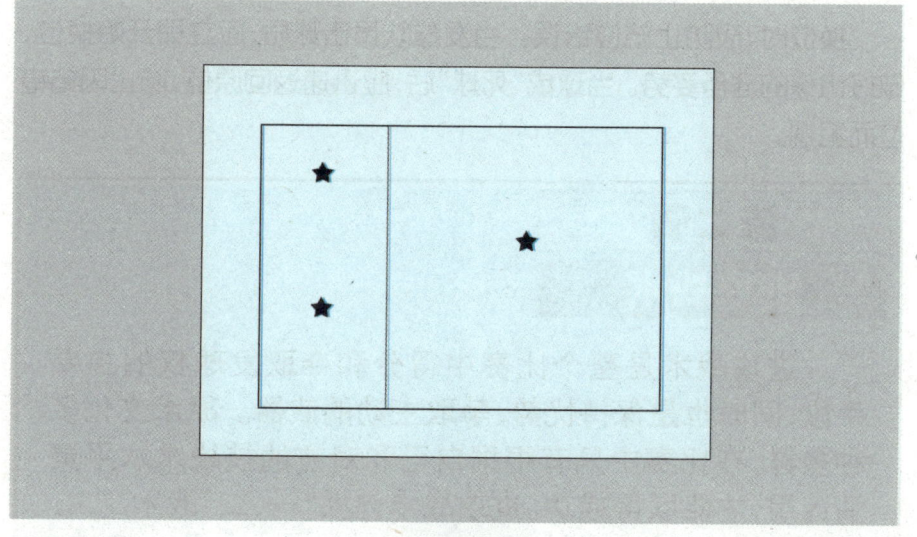

图 4-1-2

交换位置

为了构成上述的阵容形式,比赛中要通过换位来实现。换位分为临时换位和固定换位两种类型。

临时换位

临时换位是根据战术需要随时换位。

固定换位

固定换位是根据每个队员的技术水平和特点,固定他们的位置,即无论轮到几号位置,只要发球开始后,除接发球队员接发球外,其余两名队员立即换到自己应站的位置。接发球的队员接完球后,也立即换到自己应站的位置上去。这种固定式的换位,有利于队员技术专长和特点的发挥。

注意事项

换位时,应防止站位错误。当发球队员击球后,应立即开始换位,做好击球的准备姿势。当球成"死球"后,应迅速返回原位,防止因站错位而犯规。

第二节 进攻战术

进攻战术是整个比赛中得分和夺取发球权的主要手段,同时也是保持优势、争取主动的武器。战术变化多种多样,在比赛中只有根据自己和对方的技战术水平灵活运用,才能取得成功。进攻战术包括"一、二"战术,"二、一"战术和"全攻性战术"等。

"一、二"战术

"一、二"战术形式主要是一人进攻,两人防守接应。这种战术形式比较简单,容易掌握,适用于一般水平的球队或队员技术水平不太平衡的球队采用。

战术形式　见图4-2-1

(1)由3号位(或2号位)队员在网前进攻,1号位队员在后排防守,2号位(或3号位)队员跟进保护。

(2)实战中主要由1号位或2号位队员接发球,如果1号位队员接球,则2号位队员向前移动,保护进攻队员。

(3)1号位队员接球后,把球直传给3号位队员,3号位队员开始进攻。

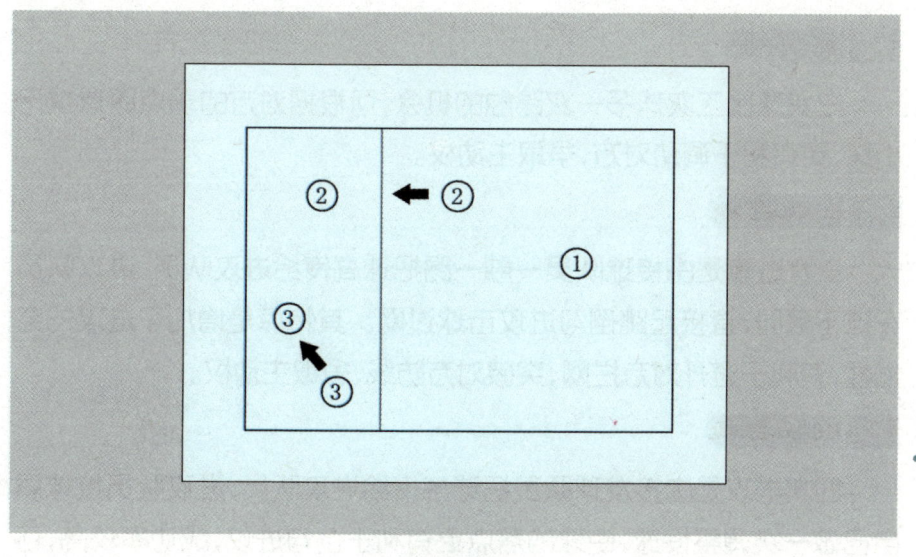

图 4-2-1

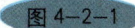 战术特点

"一、二"战术是最基本的战术形式,在对方技术力量较强或擅长攻击性发球等情况下,为了稳定战局,通常采用这种战术形式。它的优点是进攻队员和防守、保护队员分工明确,战术容易形成,变化比较容易;缺点是容易暴露战术意图。

 战术变化

一次球

一次球就是当球过网后,接发球队员一次击球过网。一次球的特点是速度快、落点多变,增加了战术的突然性,也能充分发挥个人的技术技巧,长短结合,加强进攻能力。

二次球

二次球是在一次球的基础上,接发球队员在一踢或一触接球后,根据自己触球情况和场上情况变化,决定球的落点的踢法。接发球队员将球直接传给同伴,由同伴踢球过网或轻吊小球。其特点是能更准确地传球、踢球,有充分时间寻找对方漏洞,增加对方防守判断的困难。

三次球

三次球比二次球多一次踢触的机会,可根据对方的弱点踢球或吊小球,更有利于调动对方,争取主动权。

三次进攻

三次进攻是由接球队员一触一踢把球高传给进攻队员,进攻队员在球下落时,直接起跳倒勾进攻击球过网。其特点是增加了进攻的突然性,有利于避开对方拦网,突破对方防线,争取主动权。

四次进攻

四次进攻是由接发球队员把球高传给进攻队员,进攻队员接球后自己做一次调整传球,使球的落点更有利于倒勾进攻,成功率较高,可以踢出力量大、落点刁的球。

踩球

踩球就是由接发球队员把球高传到近网前,离网 20~30 厘米处,进攻队员迅速高摆腿(脚至少要高过网 20~30 厘米),脚尖内勾,在前脚掌触球的同时,脚尖立即绷直,用绷直的脚面和腿下摆的力量,把球踩过网。其特点是战术变化突然,球过网后落点离网很近,对方救球困难,进攻的成功率极高。

侧摆

侧摆就是由接发球队员将球高传给进攻队员,进攻队员根据球的落点可以直接起跳,也可以做一次调整传球。传的球要比倒勾离网近一点,这时身体侧面对网,像倒勾一样起跳,起跳后在空中身体突然向左侧或右侧转身,借转身和收腹的力量,用脚正面击球过网。其特点是空中变化快、击球有力、威胁性强,容易避开对方拦网。

调整球

调整球就是在接发球队员将球高传给进攻队员,当球的落点或进攻队员不适合进攻时,进攻队员可把球高传给同伴,由保护队员击球过网。

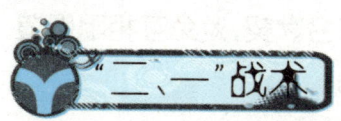 "二、一"战术

"二、一"战术形式主要是两人进攻,一人防守接应。这种战术形式比较简单,容易掌握,适合于队员技术水平比较平衡的队采用。

 见图 4-2-2

"二、一"战术通常是由 1 号位队员接发球后,把球高传给 2 号或 3 号位队员,由两人组织进攻。

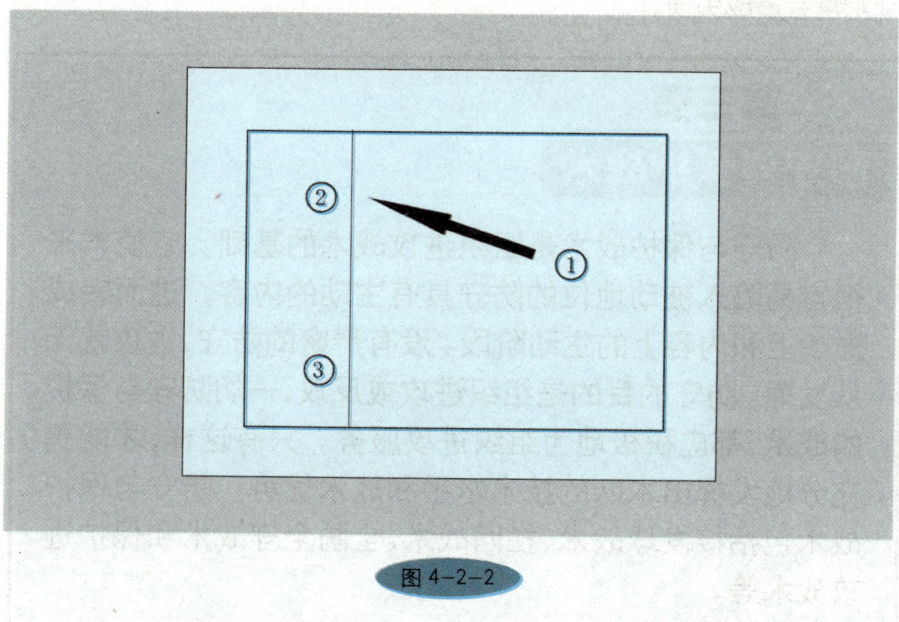

图 4-2-2

由于两人可同时组织进攻,能充分利用网的全长,拉开战线,扩大攻击面,分散对方拦网的力量,给对方拦网造成困难。因此,它要求队

员之间密切配合，特别是两个进攻队员要配合默契，避免互相阻碍造成失误，其战术变化与"一、二"战术基本相同。

全攻性战术

全攻性战术是具有较高技术水平的队采用的战术。

全攻性战术要求队员的技术水平比较平衡、全面，能攻善守。进攻队员和防守队员不固定，根据场上情况而变化，三个队员都可进攻，也都可以防守与保护。无论进攻和防守变化都很大，战术灵活多变，使对方防不胜防，但它要求队员有较高的技术水平和较好的身体素质，否则常常会造成失误。

第三节 防守与保护战术

防守与保护战术是组织进攻战术的基础。它使本来很容易陷入被动地位的防守具有主动的内容，进而转成形式上和内容上的主动阶段。没有严密的防守，进攻就无从发挥。防守的目的是组织进攻或反攻，一切防守与保护的战术，都应积极地为组织进攻服务。只有这样，才能更充分地发挥出本队的技术水平和战术优势。防守与保护战术包括接发球战术、拦网战术、全防全守战术和保护进攻战术等。

接发球战术

接发球是双方第一个回合的竞争，关系到能否夺得发球权和组织第一次进攻的关键，在比赛中占有重要地位。接发球的站位应根据对方发球的战术和己方的战术，合理布局，灵活运用。

接好高球、远球

当对方发球较高较远时,落点也多靠后,接发球的队员应站在靠后位置或疏散一些,接发球时要互相照应,避免失误。

接好低、平、快球

当对方发低球、平球、快球时,球的落点一般在中后场,接发球时,应使两人或三人同时站在离端线 1 米左右的地方,同时要警惕对方发小球。

站位不要影响视线

接发球时队员的站位要恰当,不要互相影响视线。1 号位队员可站在距端线 1~1.5 米左右处,2 号位和 3 号位队员可站在距边线 0.5~1 米左右的地方,也可根据本队的战术要求适当调整。

以变应变

接发球时应注意观察判断对方的发球技术特点与战术变化,针对不同的发球方法和发球战术,迅速调整站位形式,接好发球。

有序进行

对方将球击出后,应立即准确判断球的方向、高度、速度、落点和适宜接发球的队员,并采取相应的行动,防止乱抢或互让。为防止失误,接发球的队员也可先用喊声通知同伴,同时要大胆、果断、准确地接好球。

互相保护

接球时场上队员应互相保护,一名队员接球,其余两名队员应立即转身面对接发球队员。一方面要准备接他传来的好球,另一方面也要准备抢救他接飞的球。

分工要扬长避短

站位时,接发球技术水平高的队员控制面应适当扩大,接发球技术水平差的队员尽量缩小其控制面或不接球。

拦网战术

拦网是防守中的重要技术，是破坏对方进攻、组织反攻的重要措施，它在整个比赛中占有重要地位。拦网战术一般分为单人拦网战术和双人拦网战术两种形式。

单人拦网战术

这种战术主要在对方进攻的威力不太大、变化不多时应用。在拦快球时，也常常被迫采用。单人拦网时，拦网队员一定要判断准确，起跳时机适宜，拦住其主要的进攻路线或威胁最大的路线，其余两名队员，一名略向前移动保护拦网，另一名略后退准备接球。

双人拦网战术

当对方进攻的力量强、变化较多时，应采用双人拦网战术。双人拦网战术是经常采用的战术形式。无论对方在任何位置进攻，己方都有两人同时跳起拦网，保护队员应站在两人中间，可靠前，也可靠后，根据场上情况变化站位。

全防全守战术

这是一般球队较少采用的一种战术，是在对方进攻威胁不大，己方基本技术较熟练，防守能力很强，队员脚上基本功比较过硬时采用，也可以不拦网。

保护进攻战术

这种战术要求己方在进攻时，积极准备救起被拦回的球，并及时组织再一次进攻。保护进攻应注意以下几点：

（1）强调一人进攻，全场保护，包括进攻队员的自身保护。

（2）担负保护任务的两名队员必须采取较低的准备姿势，并适当前移。

（3）要将被救起的球传得适当，根据进攻队员的情况而定，如果进攻队员已准备好，应立即将球传给他，再次组织进攻；如果进攻队员立足未稳，最好暂时不要把球传给他。

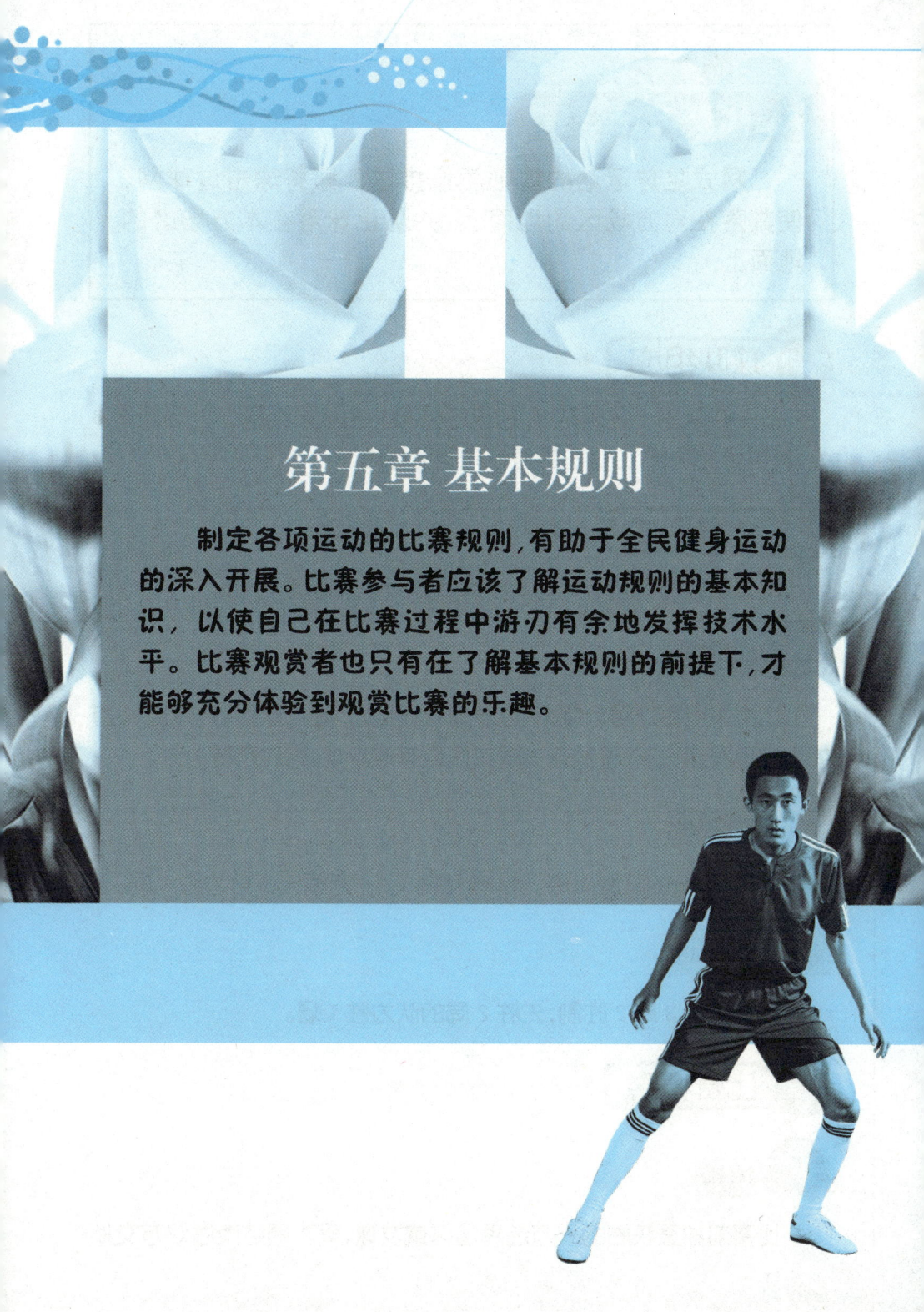

第五章 基本规则

制定各项运动的比赛规则，有助于全民健身运动的深入开展。比赛参与者应该了解运动规则的基本知识，以使自己在比赛过程中游刃有余地发挥技术水平。比赛观赏者也只有在了解基本规则的前提下，才能够充分体验到观赏比赛的乐趣。

第一节

比赛方法

网式足球运动的规则类似排球,即将球击过球网,使其落在对方场区的地面上,并防止球落在本方场区的地面上。

每一球队由 1 名领队、1 名教练员和 6 名队员组成,上场队员 3 人,其中场上队长 1 人(左臂应佩戴明显标志)。

网式足球比赛采用 3 局 2 胜、每球得分制,每局 15 分。

比赛采用每球得分制,不论发球权在何方,胜 1 球即得 1 分。一方如果出现发球失误、接发球失误或任何其他犯规,则对方得 1 分。

先得 15 分的队胜 1 局。14 分平时,以一方领先 2 分为胜 1 局。

比赛采用 3 局 2 胜制,先胜 2 局的队为胜 1 场。

比赛前抽签获胜的一方选择场区或发球,第 1 局结束后双方交换

场区和发球权。

 发球

发球队员须站在本方发球区内，用手持球，将球抛起，用脚将球从网上踢入对方场区，使比赛进行。发球队员必须在发球区内发球，在球发出后才能进入场区。每方发球权有3次（每人各发球1次，然后将发球权转移给对手）。

 轮转次序

比赛队取得发球权时，先按顺时针方向轮转一个位置，然后由轮转到1号位置的队员发球。

 暂停

每局比赛中，每队最多请求2次暂停，暂停时间限制为30秒钟。

 换人

一局中，每队最多可换人6次，可以同时换1人或多人。

 局间间隙

一局比赛结束，下局比赛开始前，中间最多可有2分钟时间供两队交换场区、换人和记录员登记号码。双方教练员在不影响上述工作进行的情况下，可进行场外指导。

 交换场区

每局结束后两队交换场区，决胜局除外。决胜局中某队获得8分时两队交换场区，交换时不得进行场外指导。交换场区后，双方队员的轮转位置不得更换。

第二节 裁判方法

在比赛过程中,裁判人员通过履行其职责,进行正确的裁判工作,来保证比赛的公平、公正。

裁判人员包括正裁判员、副裁判员、记录员和记分员各1人,司线员2人。

发球犯规

（1）队员发球时,踏及端线、发球区短线及其延长线。
（2）球未过网或触及标志杆。
（3）球从网下穿过。
（4）球从标志杆及其延长线以外过网。
（5）球触及任何障碍物,或在进入对方场区前触及本方队员。
（6）球落在界外。
（7）裁判员鸣哨后球坠落在地上。

发球掩护犯规

（1）发球时,2、3号位队员正确站位是站在离中线中点左右各1米以外的位置,并不得有掩护动作,任何人只要有一只脚进入2米区以内即违例,第一次警告,再犯则判掩护犯规。
（2）发球方某一队员挥臂、跳跃或左右移动有意阻挡对方观察发球队员和球的飞行路线,判为犯规。

发球次序错误

发球队员击球的瞬间,裁判员发现该队发球次序错误,则判失分;如犯规队已得分,取消该队因该次发球次序错误所得的分数。

 击球犯规

(1)队员可以用手、臂以外的任何部位击球,手、臂触球,即手球犯规。

(2)球到己方区域可以落地1次或者不落地击球,接球方击球后再落在己方区域内为失败。

(3)每人每次只能击球1次,不能连续击球2次及以上,否则为犯规,如一名队员连续击球2次或连续触及身体的不同部位均为连击犯规。

(4)每队最多可击球3次,拦网触球也计算1次击球,第3次必须将球从球网上空击回至对方场地。

 **网上球**

过网拦网

指防守队员的头部、肩部及胸部过网拦截对方的进攻性击球,则判为过网拦网犯规。

过网击球

击球时,如果击球点越过球网上沿的垂直面,则判为过网击球犯规。

触网犯规

在比赛中,队员身体的任何部位触及两标志杆以内的球网,都应判为触网犯规。

 **拦网**

(1)拦网触球后再次击球不判犯规,算该队2次击球。

(2)防守队员在手臂自然下垂的前提下,拦网时的手球不判犯规。

(3)当发出的球整体高于球网上沿时,接发球方不能在限制区内进行进攻性的拦击,否则判拦击发球犯规。

触网

(1)无球时,队员触网不犯规。

(2)击球过程中,队员的衣服和头发等身体部位触网,判犯规。

(3)大力击球,瞬间惯性触网,判犯规。